心がスッと軽くなる
認知行動療法ノート

～自分でできる27のプチレッスン～

[監修]

東京家政大学教授
福井 至

赤坂クリニック・
なごやメンタルクリニック理事長
貝谷久宣

ナツメ社

はじめに

　私たちの生活には、ストレスがつきものです。学校や会社に行くのがつらくなったり、家族関係や友人関係で悩んだりした経験は、誰しもあるでしょう。

　ストレスが強くなりすぎると、うつ病や不安障害にかかったり、胃潰瘍などの心身症などにかかることがあります。医師や臨床心理士の力を借りなければならなくなる前に、ストレスとの上手なつきあいかたを身につけることも大切です。

　そのために役立つのが、認知行動療法です。医療保険が適用される「うつ病の認知療法・認知行動療法」がとくに有名ですが、「社交不安障害」などの各種不安障害でも、有効な治療法が開発されています。どの治療法にも共通しているのは、認知と行

動を変えて感情や生理反応を改善していくという手続きです。

　本書は、認知と行動を簡単に変えられるよう、ひとりでできるワークブック形式で構成しています。最先端の技法「マインドフルネス認知行動療法」の要素も取り入れており、予防的メンタルケアにも、病気療養中のセルフヘルプにも役立ちます。

　人生には、つらいこともたくさんあります。しかし、つらさに飲み込まれずに、楽しみや喜びを感じられるようになれば、人生は捨てたものではないと思えるはずです。

　つらい気分から解放されるだけでなく、あなたが望む人生を手に入れることができますように——。それが私たちの願いです。

福井 至・貝谷久宣

心がスッと軽くなる 認知行動療法ノート
― 自分でできる27のプチレッスン ―

contents

はじめに ……………………………………………………………… 2
プロローグ 心がつらくなるのはなぜ？ ……………………… 8
本書のワークの進めかた ………………………………………… 12
こんなときどうする？ はじめての認知行動療法Q&A …… 14

Part 1
心のつぶやきを見つめ直す …… 15

脳のプチトレ 日本茶かコーヒーをゆっくり淹れる …………… 16
考えかた 心を守るための「ゆがみ」に気づく ……………… 18

ワーク

Lesson ❶ 心がつらくなるのはどんなとき？ ……………… 22
　　　　　書いてみよう！【イヤなできごとシート】

Lesson ❷ 自分の気持ちに点数をつける ………………… 26
　　　　　書いてみよう！【気持ちの点数シート】

Lesson ❸ 心に浮かんだ思いを言葉にする ……………… 30
　　　　　書いてみよう！【心のつぶやきと気分のシート】

Lesson ❹ 心のつぶやきは事実？ それとも思い込み？ … 34
　　　　　書いてみよう！【心のつぶやき検証シート】

Lesson ❺ できごとをありのままに受け止める …………… 38
　　　　　書いてみよう！【心のつぶやき書き換えシート】

Lesson ❻ 頭に浮かぶイメージを修正する ……………… 42
　　　　　書いてみよう！【心のイメージ修正シート】

| Lesson ❼ | 心がつらくなった別のできごとにも取り組む | 46 |

書いてみよう！【トリプル・カラムシート】

| Lesson ❽ | いつもの考えが浮かんだら「と思った」と付け加える | 50 |

やってみよう！【葉っぱのトレーニング】
やってみよう！【シアター鑑賞トレーニング】

| Lesson ❾ | いまやっていることだけに意識を向ける | 54 |

やってみよう！【3分でできる呼吸法】

Part 2
はじめの一歩を踏み出す … 57

脳のプチトレ 計算問題をスピーディに解く … 58

考えかた 行動を変えると新たな「気づき」がある … 60
　　　　うつでつらいとき／不安でつらいとき

ワーク

| Lesson ❶ | 1週間の行動を表に書き出す | 64 |

書いてみよう！【気分と活動のモニタリングシート】

| Lesson ❷ | 気分がつらくなる行動はどれ？ | 70 |

書いてみよう！【気分がつらくなる行動シート】

| Lesson ❸ | 気分がよくなる行動を1日1個増やす | 74 |

書いてみよう！【気分をよくする行動シート】

| Lesson ❹ | 行動後の気持ちに点数をつける | 78 |

書いてみよう！【気分の変化チェックシート】

Lesson 5 先延ばししていることを片づける ……… 82
　　　書いてみよう！【メリット＆デメリット比較シート】
　　　　　　　　　【先延ばし行動克服シート】

Lesson 6 やったことのない行動にチャレンジ ……… 86
　　　書いてみよう！【自分を変えるチャレンジシート】

Lesson 7 アクションプランをたてる ……… 90
　　　書いてみよう！【アクションプランシート】

Lesson 8 とっさの呼吸法で不安をしずめる ……… 94
　　　やってみよう！【パニック発作を防ぐ呼吸法】

Lesson 9 アクションプランを実行、検証する ……… 96
　　　書いてみよう！【アクションプラン検証シート】

Lesson 10 これからやってみたい10のことを書き出す ……… 100
　　　書いてみよう！【やってみたいこと、10のリスト】

Column ● 鏡のなかの自分をのぞいてみよう ……… 102

Part 3
心のルールから解放される ……… 103

脳のプチトレ	文章の書き取りをする	104
考えかた	気分がつらくなる「生きかたのルール」に気づく	108
	過去のルールと決別し、とらわれない生きかたをめざす	110
	あなたにとって人生で大切なものは何？	112

ワーク

Lesson ① あなたを苦しめているルールは何？ ……… **114**
　　　　書いてみよう!【「生きかたのルール」チェックリスト】

Lesson ② 自分がつくり上げてきた「マイルール」に気づく ……… **118**
　　　　書いてみよう!【マイルール発見シート】

Lesson ③ いまのルールのメリット、デメリットを書く ……… **122**
　　　　書いてみよう!【メリット&デメリット比較シート】

Lesson ④ 新たなルールを書き出して3回つぶやく ……… **126**
　　　　書いてみよう!【心の新ルール記入シート】

Lesson ⑤ 1日1個、よかったことを書き留める ……… **128**
　　　　書いてみよう!【ポジティブなできごとシート】
　　　　Column● 就寝前のヨガで頭をすっきりさせる

Lesson ⑥ 人生で大切な7つのことを言葉にする ……… **132**
　　　　書いてみよう!【人生で大切な7つのこと】

Lesson ⑦ コントロール欲求を手放す ……… **136**
　　　　書いてみよう!【怒りを小さくするイメージシート】

Lesson ⑧ 1日1日をマインドフルに生きる ……… **140**
　　　　やってみよう!【マインドフルな関係チェックシート】

参考文献 ……… **143**

本文デザイン	八月朔日英子
本文イラスト	村山宇希（ぽるか）
校正	滄流社
編集協力	柄川昭彦（P104）、佐藤道子（P106）、オフィス201（川西雅子）
編集担当	ナツメ出版企画（齋藤友里）

プロローグ

心がつらくなるのはなぜ?

この腹痛はただの痛み？ それとも失敗の予兆？

　今日は大事なプレゼンの日なのに、急におなかが痛くなってしまいました。
　開始まであと3時間。あなたなら、こんなときどうしますか？　どんなことを思い浮かべるでしょうか。
「すぐに薬局に行き、早く効く薬を飲む」
　いいですね。確実に腹痛をしずめられそうです。
「〝痛みが治まりますように〟と祈る」
　悪くないですね。あと3時間もあるのですから、自然に治まる可能性はおおいにあります。痛みが少しでもやわらいでいれば、がまんしてプレゼンを終えることもできそうです。
「〝どうしよう、また失敗する！〟と頭が真っ白になる」
　そう思う気持ちもわかります。人前で話すのは苦手だし、肝心なときはいつも失敗ばかり。急な腹痛なんておしまいだ！　変な汗が出て、頭がパニックになってしまいそうです。
　このように、「きっと失敗する」という不安で頭がいっぱいになると、肝心の内容にはとても集中できません。
　その結果、プレゼンに本当に失敗し、「やっぱり自分はダメだ」と絶望的な気持ちになってしまう。これが、心がつらくなるときに多くの人が陥っているパターンです。

「きっと失敗する」というメガネをはずす

「どうしよう、また失敗する！」という考えは、無意識のうちに頭に浮かび、うつや不安の引き金となります。いつも失敗しているわけではないのに、なぜかそう思ってしまう。何ひとつうまくできない気がして、自分がイヤになる。失敗という名のメガネをかけて、世の中を見ているようなものです。

心のメガネをはずし、現実をありのままにとらえることができると、生きることはずっとラクになります。これが、認知行動療法の基本的な考えかたです。

ものごとが偏（かたよ）って見えるゆがんだメガネを、新しいメガネにつくりかえるというわけです。

「あなたのものの見かたがいけない」といっているわけではありません。問題は、落ち込みや不安、それにまつわる考えにとらわれて、人生を楽しめなくなってしまうこと。ものの見かたを少しチューニングすることで、つらい気持ちにとらわれず、あなたの望む人生を取り戻すことができます。

あなたを苦しめる思い込み、自分ルールはもういらない

そのような根拠はどこにもないのに、なぜ「どうしよう、また失敗する！」と思ってしまうのでしょうか。

それは「人前で恥をかくなんて、あってはならないことだ」「つねにいい結果を出すべきだ」といったルールを、心の奥に抱えているから。

ルールを守れないことを恐れ、実際に少しでも守れないと、自分をきびしく罰してしまうのです。

このようなルールは、あなたが生まれ育った環境や、親や社会の考えかたをもとにつくり上げられてきたものです。最初は意味のあるルールだったはずですし、そのルールのおかげでよい結果を出せたこともあるでしょう。でもいまやそのルールが足かせとなり、あなたの心を苦しめています。心のなかのルールが、苦しみの源泉となってしまっているのです。

よくある思い込み&自分ルール

「私はいつもこうだ」といった思い込み、「世の中はかくあるべきだ」といった自分なりのルールを、多くの人がもっている。

- 「何をやっても思うようにいかない…」
- 「人から笑われるなんてぜったいにイヤだ！」
- 「友だちに仕事のグチをいってはいけない」
- 「努力した人が報われるのは、当然だ」
- 「私は誰にも必要とされていない」

「とらわれない生きかた」を手に入れる

　ルールを新しいバージョンに修正し、「恥をかいてもいい」「うまくいかないことがあってもいい」と思えるようになると、世の中の見えかたが変わってきます。

　現実に起こるできごとも変わります。臆せず行動できるようになり、結果的にうまくいくことが増えるのです。

　人間関係も同じです。「つねにいい人でなくては」「誰からもきらわれたくない」という考えを捨てると、素直な気持ちでコミュニケーションをとることができ、親密な関係が築けます。「きらわれることがあってもいい」と思えると、いままで以上に人に好かれるようになるのです。

　新しいルールをすぐに信じられなくても、大丈夫。

　これから毎日おこなうワークで、現実の様相と心の様相のズレが、少しずつ埋まっていくはずです。

とらわれずに生きるための新ルール

いいこともあれば、よくないこともあるのが現実。柔軟な視点でものごとを受け止められると、心のつらさが軽くなる。

- 「思うようにいくこともあれば、いかないこともある」
- 「できれば笑われたくないけど、笑われてもたいしたことじゃない」
- 「ときには仕事のグチをいったっていい」
- 「努力が報われたらうれしいけれど、報われないこともあるよね」
- 「私のことを必要としてくれる人もいる」

本書のワークの進めかた

本書では3つのステップを踏んで、心のメガネをかけかえていきます。最初に取り組むのは、「どうしよう、きっと失敗する！」といった思考を変えること。これができたら、行動パターンと価値観の変容に取り組みます。

Part 1 心のつぶやきを見つめ直す

あなたの考えの多くは、心のメガネを通して生まれたもの。現実に即した考えとは限りません。
事実と違う点がないかを検証し、いつもの思考パターンを見直してみましょう。

Part 2 はじめの一歩を踏み出す

新しい思考、心がつらくなりにくい思考を見つけたら、それが正しいかどうかを行動で試してみましょう。いつもと違う行動をとることで、気分そのものも変わってきます。

Part 3 心のルールから解放される

心のメガネをかけかえて、現実をありのままに見るための最終ステップ。これまであたりまえのように信じ込んできたルールを見直します。新しいメガネは、人生の喜びをもう一度運んできてくれるはずです。

point 1
うつや不安の治療にも、ストレスケアにも効果的

認知行動療法は、うつ病や不安障害などのさまざまな心の病気において、効果が実証されています。うつや不安の引き金となる考えかたが変わるので、心の病気の予防、ストレスケアにも役立ちます。

1日2〜6ページでOK！

point 2
1日15〜20分、毎日取り組む

本書の認知行動療法は、書き込み式のワークが中心。ひとつのレッスンにつき、15〜20分程度でできるように構成されています。1日1レッスンをめやすに毎日取り組むと、途中で挫折することなく、確実に進められます。

point 3
ワーク前の準備で心をととのえる

ワークに取り組む前に、各章の最初にある「脳のプチトレ」をおこなってください。単純作業をおこなうことで脳が活性化し、ワークの効果が高まります。

point 4
行動療法は、家族やカウンセラーに手伝ってもらう

ひとりでできるワークが中心ですが、パニック症（パニック障害）の人が電車に乗る場合などは、手助けが必要なこともあります。ひとりで心配なときは、カウンセラーや家族に付き添ってもらうと安心です。

\こんなときどうする？/
はじめての認知行動療法 Q&A

認知行動療法にはじめて取り組む人も、過去に試したけれどうまくいかなかったという人も、よくある疑問、悩みを通じて不安を解消しておきましょう。

Q1
どうしても気分が
のらない日は、
やらなくていい？

A1
**体調に問題がなければ、
やったほうがすっきりします**

認知行動療法は「気分がのらず、何もしたくない」という状態に変化をもたらします。重度のうつ病でとても手をつけられない場合、体の不調がある場合などを除いては、ゆううつであってもワークをおこなったほうが効果的です。

Q2
やっているうちに、
よけいつらくなりました。
どうすればいい？

A2
**ワークの内容によっては、
一時的につらくなる
こともあります。**

不快なできごとや思考に向き合うことで、つらくなることもあるかもしれません。ただし、それは一時的な感情。ワークを進めるうちに気分は変わってきます。少しつらくても、がんばって取り組んでみてください。

Q3
むずかしくって、
20分以内では
とても終わりません。

A3
**時間がかかっても
かまいません。
あせらずじっくり進めましょう。**

1回のワークにかかる時間は、あくまでもめやすです。時間がどれだけかかってもいいので、自分のペースで取り組んでください。ひとりではむずかしい場合は、カウンセラーや信頼できる友人などに手伝ってもらいましょう。

Part 1
心のつぶやきを見つめ直す

「私って、どうしてこんなにダメなんだろう」
「きっとまた失敗する。何をやってもうまくいかない」
ゆううつになったり、不安でたまらなかったりするのは、
心のなかに浮かぶこんなつぶやきのせいです。
でも、その言葉は本当に真実なのでしょうか？

脳のプチトレ 日本茶かコーヒーをゆっくり淹れる

◆ **五感を刺激すると、集中力がアップする** ◆

　ゆううつさや不安に悩まされていると、ものごとを効率よく進めにくくなる傾向があります。脳のなかの前頭前野という部分が、いつもよりはたらきにくくなっているためです。

　前頭前野を活性化するには、手順を考えながら、手を動かして作業することが効果的。そこでおすすめなのが、毎日のワークの前に抹茶やコーヒーを淹れることです。

　順を踏んでていねいにおこなうと、必要な記憶を一時的に保存する「ワーキングメモリ」のはたらきがよくなります。

抹茶（薄茶）の点てかた
必要な道具さえ揃えれば、家庭でもおいしい抹茶を淹れられる。茶道で淹れる濃茶と異なり、むずかしいルールも必要ない。

1. 茶わんに茶せんを立て、湯を注いであたためておく。
2. 湯を捨てて、茶さじ2杯分の抹茶を茶こしでふるいながら入れる。
3. 湯をわかして別のカップに注ぎ、70〜80℃に冷ましてから茶わんに注ぐ。
4. 茶せんを親指、人さし指、中指でもち、前後にこまかく振って泡立てる。
5. 「の」の字を描くようにひと混ぜして、真ん中から茶せんをそっと抜く。

泡立つようすに心を集中させる

Part ❶ 心のつぶやきを見つめ直す

泡のふくらみに
意識を
集中させる

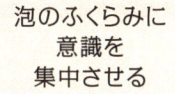

コーヒーの淹れかた

粉が丸くふくらんできたら、湯を注ぐのをやめてしばらく蒸らすのがコツ。粉がふくらんだり、へこんだりするようすを見ながら、ゆっくりていねいに淹れよう。

1 ドリッパーにペーパーフィルターをセットして、コーヒーの粉を入れる。

2 ドリッパーを振って、粉を平らにならす。

3 82～83℃に冷ました湯を中央にゆっくり注ぎ入れ、さらに「の」の字を描くように注ぐ。

4 粉の表面がふくらんできたら手を止め、へこむのを待って再び注ぐ。これを3回繰り返す。

◆ **お茶のことだけ考えて、ていねいに味わう** ◆

　抹茶の道具がなければ、コーヒーを淹れる作業でもかまいません。手順を踏んでていねいに淹れるものであれば、効果は同じです。紅茶やハーブティーなど、好きな飲みもので試してみましょう。

　淹れているときは、手もとの作業だけに心を集中させるのがコツ。淹れ終わったら、味や香りをいつもよりていねいに味わいながら飲んでみてください。

　P22からの各ワークに取り組む前に、日課として毎回おこなうといいでしょう。

心を守るための「ゆがみ」に気づく

◆「私が悪い」と決めつけてしまわないで ◆

　つらい気分に悩まされているときは、ものごとがありのままに見えなくなっています。認知行動療法では、このことを「認知のゆがみ」といいます。頭のなかに浮かぶ言葉や考えが、現実を正しくとらえていない状態です。
　ゆがみの生じかたには共通のパターンがあります（→P19～）。"完璧にこなさなくては意味がない"と考えてしまう「白黒思考」や、"私のせいだ"とすぐに自分を責める「個人化」は、とくにうつの人に多いパターンです。
　うつになったことについて、自分を責めてしまう人もいますが、これも典型的なゆがみ。うつになるのは誰のせいでもないことを、心に留めておいてください。

◆ 恥をかくことは、そんなにはずかしくない ◆

　人前に出ることが不安でたまらない——。これは、過度の不安にさいなまれる病気「不安障害」によくある症状です。
　この症状で悩む人は皆、「人前で恥をかくなんて、おしまいだ」といった考えをもっています。その結果、不安感がどんどん大きくなり、実際に過呼吸が起こってしまうこともあります。
　でも、**人前で恥をかくことは、誰もが日常的に経験すること。他人はあなたのことばかり見ているわけではないし、現実にはとてもささいなことなんです。**不安感の背景にも、P19以降で紹介している認知のゆがみがあるのです。

Part 1 心のつぶやきを見つめ直す

あなたの心にひそむゆがみはどれ？

認知のゆがみとして代表的なのは、以下の10種類。
心がつらくなっているときは、複数のゆがみを抱えていることが多い。

1 【白黒思考】

ものごとを白か黒かで考える、極端なものの見かた。完璧主義に陥りやすく、「がんばっても、うまくいかないこともある」という現実が受け入れられなくなる。最初から努力を放棄して、わざと無気力にふるまうこともある。

例「完璧にできないなら、やる意味がない」

2 【一般化のしすぎ】

よくないことがひとつでもあると、広く一般化して解釈してしまう。たった一度の失敗でも「私はいつも失敗する」と考えたり、一度パニック発作を起こすと、ほかの場所に出かけることもこわくなったりする。

例「私は皆からきらわれている」

3 【心のフィルター】

ものごとの悪い面ばかりに目がいき、いいことなどひとつもないように感じる。世の中を〝苦痛に満ちている〟ととらえたり、自分に対しては〝いいところがひとつもない〟などと考えてしまう。
他人の言動についても、悪く解釈しがち。

例「かわいくないし、太っているし、私にはいいところなんて何もない」

4【マイナス化思考】

すべてのできごとにマイナスの解釈を加える。
「私のことがきらいだから、連絡してくれないんだ」「いまの部署には必要ない人間だから、異動させられたんだ」などと、悲観的なストーリーを勝手につくり上げてしまう。

> 例 「私の話しかたが下手だから、話を聞いてもらえないんだ」

5【結論の飛躍】

根拠もないのに、自分にとって不利で、悲観的な結論に飛びついてしまう。ちょっとでも悪いうわさを聞いたり、人との会話中に違和感を覚えたりすると、早合点して悪い結論を出す。

> 例 「彼は、私と別れたいと思ってるんだ……」

6【拡大解釈&過小評価】

自分の失敗や短所を大げさに考える一方で、成功や長所は「こんなこと、できてあたりまえ」と過小評価する。
自分を好きになれず、いつも落ち込むことになる。

> 例 「趣味ひとつないし、仕事は平凡……。自分はなんてつまらない人間なんだろう」

【感情的決めつけ】

理性ではなく、感情でものごとを判断する。
ゆううつだと「自分にはもう何もできない」と感じ、不安が
強くなると「きっと失敗する」と思い込んでしまう。

> 例 「今日も気が重いし、外出なんてとても無理」

【すべき思考】

「〜すべきだ」「〜でなくてはならない」というルールをつく
り上げ、頑なに信じ込む。自分にも他人にもきびしくなり、
怒りや緊張など、マイナスの感情にとらわれてしまう。

> 例 「どんな仕事にも、全力で取り組むべきだ」

【レッテル貼り】

人やものごとに対して極端なイメージのレッテルを
貼り、それが事実かのように思い込む。
他人に対して「あの人はイヤな人」というレッテル
を貼り、その人のよい面が見えなくなることも多い。

> 例 「あの人は性格が悪いから、きっとまた私にイヤなことをいう」

【個人化】

よくないことが起こると、自分の言動と関連づけて、自分を
責める。自分にはまったく関係のないできごとでも、罪悪感
にさいなまれてしまう。

> 例 「私がもっと面倒を見てあげれば、彼女は会社をやめずにすんだのに」

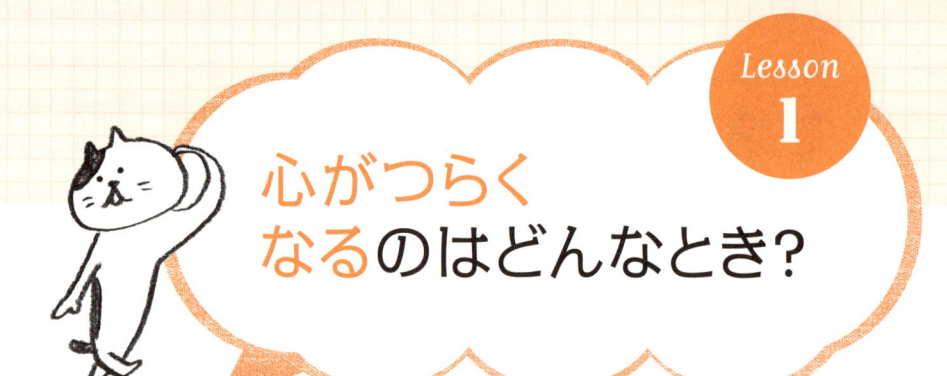

Lesson 1
心がつらくなるのはどんなとき?

この1週間のできごとを振り返る

　私たちの頭のなかには、何らかの考えがつねに浮かんでいます。「お昼は何を食べようかな」という楽しいものから、「また失敗する。どうしよう!」というネガティブなものまで、内容はじつに多彩です。考えかたにゆがみがあるといっても、すべての思考が間違っているわけではありません。

　どの思考があなたの問題となっているかを知るために、まずはここ1週間のできごとを思い出してください。

　そのうち、とくに印象的だったことは何ですか?
　落ち込んだり、不安になったりしたことはありますか?
　怒りのあまり、つい大きな声を出してしまったことはないでしょうか。

　なかでもイヤな気分になった場面をひとつ選び、P25のワークシートに書き出してください。「駅のホームで上司を見かけてビクッとした。思わず反対方向に歩いてしまった」といった、ささいなできごとでもかまいません。

　できごとの大きさではなく、心がどれだけ揺れ動いたかを基準にします。「飲み会に行く約束だったのに、不安で帰ってきてしまった」というように、行動を避けた場面も含まれます。

　「毎日イヤなことばかりで、しぼれない」という人は、直近のことがいいでしょう。そのときの状況や気持ちをリアルに思い出せるはずです。

胸のドキドキ、冷や汗などの症状も書く

　心が強く揺れると、体の症状としてあらわれることもあります。緊張や不安を感じたときには、冷や汗をかいたり、手が震えたりします。怒ると筋肉がギュッとこわばり、さらに顔がほてって赤くなることもあります。**ストレスによって交感神経のスイッチが入り、体が闘争モードになるためです。**

　こうした体の変化が、感情をさらに強めることもあります。

　汗をかいていることをはずかしく感じてさらに緊張したり、顔がほてって興奮が増し、どなるのを止められなくなったり。心と体は、切っても切れない関係にあるのです。

　つらかったできごとを書き出すときは、そのときの体の変化も書き出してください。

　〝胸がドキドキした〟など、目に見えないものでもかまいません。思い出せる範囲で書き留めておきましょう。

Case Study　Aさんの場合（20代・女性）

「会社に行くのが ゆううつでたまりません」

　社会人になって1年。がんばっているのに仕事がうまく進められず、上司に怒られてばかりいます。同期の皆はうまくやっているのに、私だけがミスをし、上司からうとまれている……。

　そう思うと、会社に行くのがゆううつで仕方ありません。

　とくに朝は体が重く、目が覚めてしばらくは布団から出られずにいます。休みの日も、いままでみたいに遊びに行く気にはなれません。

Aさんの場合

イヤなできごとシート

会社のことを考えると、ゆううつでたまらなくなるAさん。
今週もっとも心がつらくなったのは、
皆の前で上司に注意されたことでした。

いつ？

3月6日（金）　16：00ごろ

どこで？

会社の、山田係長のデスクの前で

何があった？

「Aさん、ちょっと来て」とよばれて、

係長のそばにあわてて行くと、

「この報告書、数字が1か所違うじゃない」と、

大きな声で叱られた。「申し訳ありません」と謝ったものの、

「こういう基本的なことを間違えちゃ困るよ。

よく見てから出してくれないと」と、

皆が見ている前で注意を受け、頭が真っ白になった。

上司の表情はとてもイライラした感じだった。

そのときの気分が頭から離れなくて、

週末もどこにも行かず、部屋でぼんやりと過ごしていた。

point
- そのときの情景をよく思い浮かべて、くわしく書く。
- 人からいわれたことがつらかったときは、
相手の言葉や表情も思い出して書き出す。

Part ① 心のつぶやきを見つめ直す

書いてみよう!

イヤなできごとシート

あなたの今週のできごとで、
もっとも心がつらくなったことは何ですか？
日時と場所、くわしい内容を書き出してみましょう。

いつ？

どこで？

何があった？

ゆううつなことに
ちゃんと向き合えたね！

Lesson 2
自分の気持ちに点数をつける

このつらさは、どこからくるの?

　つらいできごとを人に話すとき、あなたはどんな言葉を使いますか?　「つらかった」「きつかった」「落ち込んだ」など、漠然とした言葉が多いのではないでしょうか。

　心のつらさに支配されているときは、自分の気分(感情)を客観的に見ることができにくくなるものです。

　でも、「つらい」「きつい」というのは悲しみにもいらだちにも使える言葉です。また、罪悪感による「落ち込み」と、無力感による「落ち込み」とでは、意味合いが違います。

　あなたがいま抱えている問題を解決するには、そのときどきの気分を的確につかむトレーニングが重要です。

　問題となりやすい代表的な気分は、右ページのリストのとおり。いずれも簡潔で短い言葉なのが特徴です。

　なお、「おしまいだと思った」「最悪だ」などの文章は、気分ではなく思考です。最初は混在しやすいので、注意しましょう。区別しにくいようなら、右ページのリストにある言葉を選んで使ってください。

　また、**気分はつねにひとつだけとは限りません。**

　つらい状態のときはたいてい、複数の気分が一度にわきあがってくるものです。そのうちとくに強いものを3つくらい見つけ、シートに書き出すと、そのときの心のようすが的確にあらわせます。

気持ちをあらわす言葉のリスト

心がつらくなるネガティブな気分のうち、代表的なもの。自分の気持ちにぴったりあてはまるものがなければ、別の言葉を考えてもかまわない。

ゆううつ	むなしい	悲しい	はずかしい
傷ついた	がっかり	うんざり	みじめ
無力感	罪悪感	くやしい	屈辱
不安	心配	緊張	恐怖
パニック	怒り	いらだち	興奮

気分の強さを数値であらわす

同じ気分であっても、状況によって強さは変化します。気分の強さを正確につかむため、点数で考える習慣をつけましょう。それぞれの気分について、**考えられる限りいちばん強い気持ちを100点満点として数値化してください。**たとえば「みじめ」という気分の場合、考えられる限りいちばんみじめな状態を100点として、そのときのみじめな気持ちを点数にします。

Aさんの場合 ● 気持ちの点数シート ●

ミスをして叱られたAさん。
そのとき心のなかを占めていたのは、みじめさや無力感でした。

[みじめ]	90 点
[無力感]	80 点
[傷ついた]	65 点

よくある状況を想像し、点数をつける

ワークに取り組む前に、気分をあらわすトレーニングをしましょう。下記の場面について、主人公になったつもりで気分を考えてください。正解はありません。あなたの感覚を言葉と数値で的確にあらわすことが大切です。

例題 1

食事の約束をドタキャンされた

今日は金曜日。夜は彼女と食事に行く約束をしていました。お互いに出張や実家の用事が続いていて、週末も会えなかったので、3週間ぶりのデートです。早めに会社を出て店に向かっていたのですが、約束の30分前になって、「ごめん、仕事でトラブって、抜けられなさそう！ また今度ね〜」というメールが届きました。

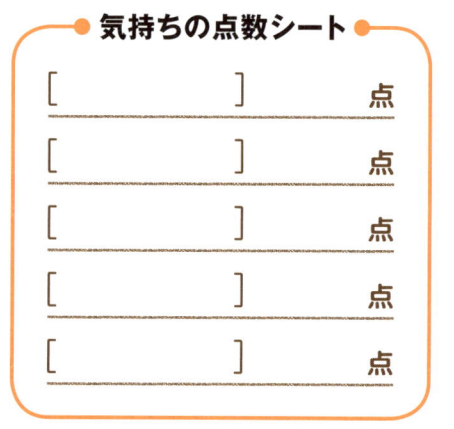

気持ちの点数シート

[　　　　　] 点
[　　　　　] 点
[　　　　　] 点
[　　　　　] 点
[　　　　　] 点

例題 2

急いで歩いていたら、思いきり転んだ

今日は新規取引先との打ち合わせの日。先方の会社はもうすぐそこです。しっかりした人に見えるように、いちばんいいスーツを着て、いつもより高いヒールを履いてきました。

なのにヒールのせいでつんのめって、思いきり転んでしまったんです！ ストッキングは破れ、ひざからは血がにじんでいます。

気持ちの点数シート

[　　　　　] 点
[　　　　　] 点
[　　　　　] 点
[　　　　　] 点
[　　　　　] 点

Part 1 心のつぶやきを見つめ直す

正解はないから、自分の気持ちに合う言葉を自由に選んでね

書いてみよう！

●気持ちの点数シート●

P25で書き出したできごとのとき、どんな気持ちがわきあがっていましたか？　その強さもあわせて書き出しましょう。

[　　　　　　　　　]　　　点

[　　　　　　　　　]　　　点

[　　　　　　　　　]　　　点

[　　　　　　　　　]　　　点

[　　　　　　　　　]　　　点

point　気持ちをリアルに思い出せないときは、そのできごとを思い出したときの、いまの気持ちに点数をつけよう。

Lesson 3

心に浮かんだ思いを言葉にする

つらかった瞬間の〝心のつぶやき〟を書き出す

　つらかったときの気分を言葉にしたら、いよいよ認知に注目するトレーニングです。**つらい気分になったとき、心のなかにどんな考えが浮かんだかを思い出してください。**

　「なぜこんなことが起こったのか」「誰のせいなのか」。このような考えが頭のなかにグルグルと浮かんでいたはずです。

　現実への理解の仕方は、千差万別。同じ失敗であっても、「やだ、失敗しちゃった！」と軽く受け流す人もいれば、パニックになって「もう、いなくなりたい」と思う人もいます。「ちゃんと説明してくれないから、こんなことになるんだ！」と他人を責める言葉が浮かび、怒り出す人もいるでしょう。

　自分にだけイヤなことが起こっていると感じる人もいれば、「こういうことって、よくあるよね」と思える人もいます。

　頭が真っ白になっているときでさえ、このような考えは心に浮かんでいるものです。「もう、どうしたらいいのかわからない。自分の手には負えない」といった内容かもしれません。

　そしてこの内容こそが、あなたを苦しめている最大の原因です。どんな考えが浮かんだかをよく思い出し、正確に書き出すことが大切です。

　瞬時に浮かぶ考えなので、ほうっておくとすぐに忘れてしまいますが、意識して注目すればちゃんと覚えていられるようになります。

Part ❶ 心のつぶやきを見つめ直す

Aさんの場合

● 心のつぶやきシート ●

係長のデスクの前で、Aさんの心に浮かんでいたのは
「ミスばかりしてダメな人だと思われている」という考えでした。

❶ 仕事でミスばかりしていて、

　皆からダメな人だと思われている

❷ 同期の皆はうまくやれているのに、

　私だけうまくできない

❸ 係長にもきらわれてしまった

できる人だと思われたい。なのに自分は……

　係長に注意されたAさんの心には、「またミスをした」「皆からダメな人だと思われている」といった考えが浮かびました。

　じつはAさんは、同期のなかでも仕事をきちんとこなせているほうです。入社2年目なので、大きな仕事を動かすことはありませんが、与えられた仕事をコツコツと正確にやりとげています。今回のような、書類の単純ミスもはじめてでした。

　では、なぜAさんの心にこのような考えが浮かんだのでしょう。それは**Aさんに、「何事も完璧にこなさなくてはいけない」「書類は正確につくれて当然だ」という認知のゆがみがあるからです。**P19～21のパターンでいうと、「白黒思考」「拡大解釈＆過小評価」「すべき思考」にあたります。

　どんな仕事もきちんとやりとげ、優秀な人だと思われたかった。だからAさんはみじめになり、自分はミスばかりでダメだと思ってしまったのです。

　Aさんの例からも、つらいときに浮かぶ言葉には偏りがあることが見て取れます。

心のつぶやきを、リアルに思い出してみる

　心に浮かんだ考えを書き出したら、今度はその考えに対する気分の強さを書き出します。いくつも浮かんだ考えのうち、とくにどれが問題かを検証するためです。

　書き出した言葉を見ていて、とくにつらいのはどの内容でしょうか。Aさんの場合は、「仕事でミスばかりしていて、皆からダメな人だと思われている」というものでした。

　みじめさは100点満点中90点。そのときのつらさと、優秀な人だと思われたかったという気持ちがうかがえます。

　今度は、あなたのつらいできごとを振り返り、シートに書き出す番です。**心に浮かんだすべての考えを書き出し、それぞれの考えに対して、つらい気分とその強さを書き込んでください。**

　誰にも見せないシートなので、はずかしがることはありません。思ったことを率直に書きましょう。

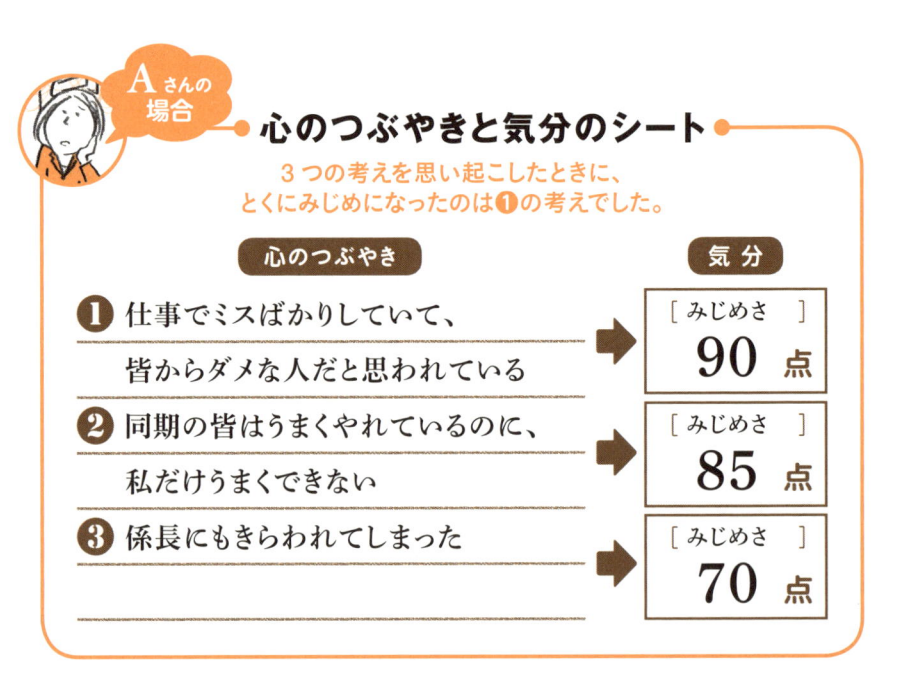

Aさんの場合

心のつぶやきと気分のシート

3つの考えを思い起こしたときに、
とくにみじめになったのは❶の考えでした。

心のつぶやき	気分
❶ 仕事でミスばかりしていて、皆からダメな人だと思われている	[みじめさ] 90点
❷ 同期の皆はうまくやれているのに、私だけうまくできない	[みじめさ] 85点
❸ 係長にもきらわれてしまった	[みじめさ] 70点

Part ① 心のつぶやきを見つめ直す

心のつぶやきと気分のシート

書いてみよう!

P25のワークシートを見返しながら、このときに浮かんだ考えと気分の強さを思い起こしてみましょう。
いくつでもいいので、浮かんだ考えをすべて書き出してください。

心のつぶやき　　　　　　　　　　　気分

❶ ➡ [　　　] 点

❷ ➡ [　　　] 点

❸ ➡ [　　　] 点

❹ ➡ [　　　] 点

❺ ➡ [　　　] 点

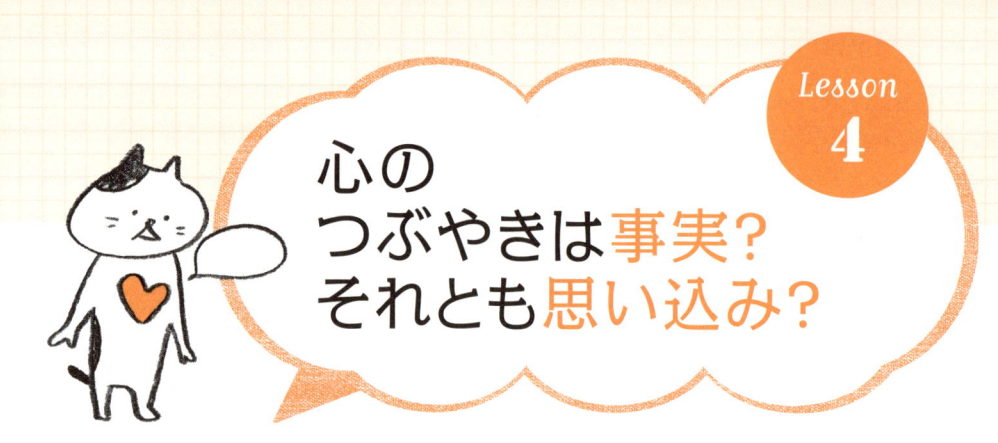

Lesson 4
心の つぶやきは事実？ それとも思い込み？

ものごとをありのままに見るのは、むずかしい

心のつぶやきのうち、とくに気分がつらくなるものは「ホットな思考」とよばれます。 P33のワークシートで、もっとも高い点数がついたものです。

ホットな思考が見つかったら、いよいよ事実確認です。

この考えは現実に即したものなのか、偏りのあるものなのかを検証します。現実に起こっていること、そのとき起こっていたことだけを冷静に見つめてください。そして、その思考が正しいといえる「根拠」、事実とは違うことを示す「反論」を考え、シートに記入します（→P37）。根拠より反論が多ければ、その考えにはゆがみがあるとわかります。

人の頭に浮かぶ考えは、たいてい偏っているものです。 ほとんどの場合、反論のほうがずっと多く出てきます。

心に浮かぶつぶやきを言い負かすつもりで、たくさんの反論を書き出してください。

なお、心身ともに健康そうな人であっても、認知のゆがみは確実に存在します。それなりに現実と折り合いがついているから、いまはつらくならずに過ごせているだけのこと。プロのカウンセラーであっても、事実を100％客観的に見ることはむずかしいものです。

「やっぱり私の考えがよくないんだ」などと思わないようにしてください。

Part ❶ 心のつぶやきを見つめ直す

Ａさんは本当にダメな人？　それとも……

　Ａさんはこの課題に取り組み、とたんに頭を悩ませてしまいました。ミスをしたのも、皆の前で怒られたのも事実だから、反論の余地なんてないと考えたのです。
　でも、ほかの人から見たＡさんの評価は違います。係長にも、ついこのあいだまではこういわれていました。「基本的なことをていねいに正確にやってくれるから、安心だよ」と。
　このように、**人からいわれた言葉を冷静に思い出すと、「いつもミスばかりしているわけではない」と気づくことができます**。反論を考えるときは、自分の視点ばかりにとらわれず、ほかの人の言動も思い起こしてみてください。

友人が同じ立場なら、どうアドバイスするか

　悩んでいる友人へのアドバイスとして、反論を考えてみるのもいいでしょう。「ミスばかりで、皆からダメな人だと思われている」と打ち明けられたら、あなたはどう思いますか？「本当にそうなの？」と聞き、「書類のミスは一度しかしていないじゃない」「ダメな人なんて、誰もいっていないのに」というでしょう。
　なぐさめではなく、現実的なアドバイスとして自分は友人にどう話すかを考え、反論の材料にしてください。

Aさんの場合 心のつぶやき検証シート

最初は根拠しか浮かばなかったAさんですが、友人へのアドバイスとして考えてみると、反論がいくつも浮かんできました。

心のつぶやき
仕事でミスばかりしていて、皆からダメな人だと思われている

根拠 事実どおりのことは何？

① 書類の数字を1か所間違えていて、皆の前で注意を受けた。

反論 事実と違うことは何？

① 一度はミスをしたが、いつもミスばかりしているわけではない。
② 皆の前で怒られたのは、私だけではない。もっと怒られている人もいるし、何かあれば、皆の前で怒るのが係長のやりかただ。
③ 皆からダメな人だと思われているという証拠はない。私をかわいがってくれている先輩もいる。

結論
根拠より反論のほうが多く、事実とは違う

Part ① 心のつぶやきを見つめ直す

心のつぶやき検証シート

書いてみよう!

P33で書き出した心のつぶやきのうち、もっともつらい気分になったものについて、根拠と反論を考えてみましょう。

心のつぶやき

根拠	反論
事実どおりのことは何？	事実と違うことは何？

結論

37

Lesson 5
できごとをありのままに受け止める

心をつらくする考えを、別の考えに置き換える

　心に浮かぶ考えにゆがみがあるとわかったら、現実的な考えに修正していきましょう。前回のワークで書き出した反論を踏まえ、**極端な考えかた、完璧さを当然とするようなものの見かたを取り除きます。**

　ここで大切なのは、現実的な考えと、ポジティブ・シンキングとの違いです。「ミスなんて忘れて、前を向いて進もう」「私は誰からも愛されていて幸せだ」などと考えてみても、そんなの信じられませんね。

　これでは現実から目を背けるための、おまじないにしかなりません。ポジティブさに極端に偏（かたよ）った、認知のゆがみともいえます。

　現実的な考えとは、「ミスをすることもあるが、ちゃんとできていることもある」「私のことを好きでない人もいるかもしれないが、好きでいてくれる人もいる」という偏りのないものです。**現実には、ミスをすることもあれば、人から好かれないこともある。そのような負の側面を認めたうえで、プラスの面もちゃんと受け入れることが大切です。**

　プラスの面を否定してきた人にとっては、すぐには受け入れがたい考えかもしれません。でも、それでいいのです。

　その考えを思い浮かべながら日常を過ごしていれば、それが現実であることが実感できるようになります。

思い込みのない考えかたの例

自分のすべてを否定せずにプラスの側面を見ることが大切。
「必ず〇〇すべきだ」という非現実的なルールは「〇〇にこしたことはないが、そうでないこともある」と修正する。

【 いままでの考え 】

- 私は何をやってもうまくできない
- 人にきらわれるなんて、耐えられない
- 誰も私の気持ちをわかってくれない

↓

- 失敗することもあるが、うまくできていることもある
- 人に好かれたほうがうれしいが、すべての人に好かれることはできない
- 理解されないこともあるが、ちゃんと話せば、気持ちが伝わることもある

【 新しい考え 】

新しい考えを、声に出して3回つぶやく

新しい考えをまったく受け入れられず、とても真実とは思えないというときは、声に出してつぶやいてみましょう。

「そんなのはずかしい」「ばかばかしい」などと思わず、試しにやってみてください。

心からそうと思えないことを口に出すのは、かなり勇気のいることですが、心の殻を破るための大切なトレーニングです。

思い切って3回つぶやいてみると、過去の考えにとらわれていた状態から少しずつ抜け出し、新しい視点で現実をとらえられるようになります。

Aさんの場合 心のつぶやき書き換えシート

前回のワークで考えた反論をもとに、
新たな考えを3つ書き出したAさん。
これらを書き出した時点で、心は少し落ち着きを取り戻しました。

いままでの考え

仕事でミスばかりしていて、
皆からダメな人だと思われている

⬇

新しい考え❶

ミスをすることもあるが、ちゃんとできていることもある

新しい考え❷

ミスをしたときは、
次のミスを防ぐために工夫すればよい

新しい考え❸

上司に怒られているのは私だけではないし、
一度怒られたからといって、
皆に愛想をつかされることはない

point
- 「〜ばかりしている」「皆が〜と思っている」といった、極端な言葉は書き換える。
- 偏りのない新しい考えは、いままでの考えより長い文章になることが多い。

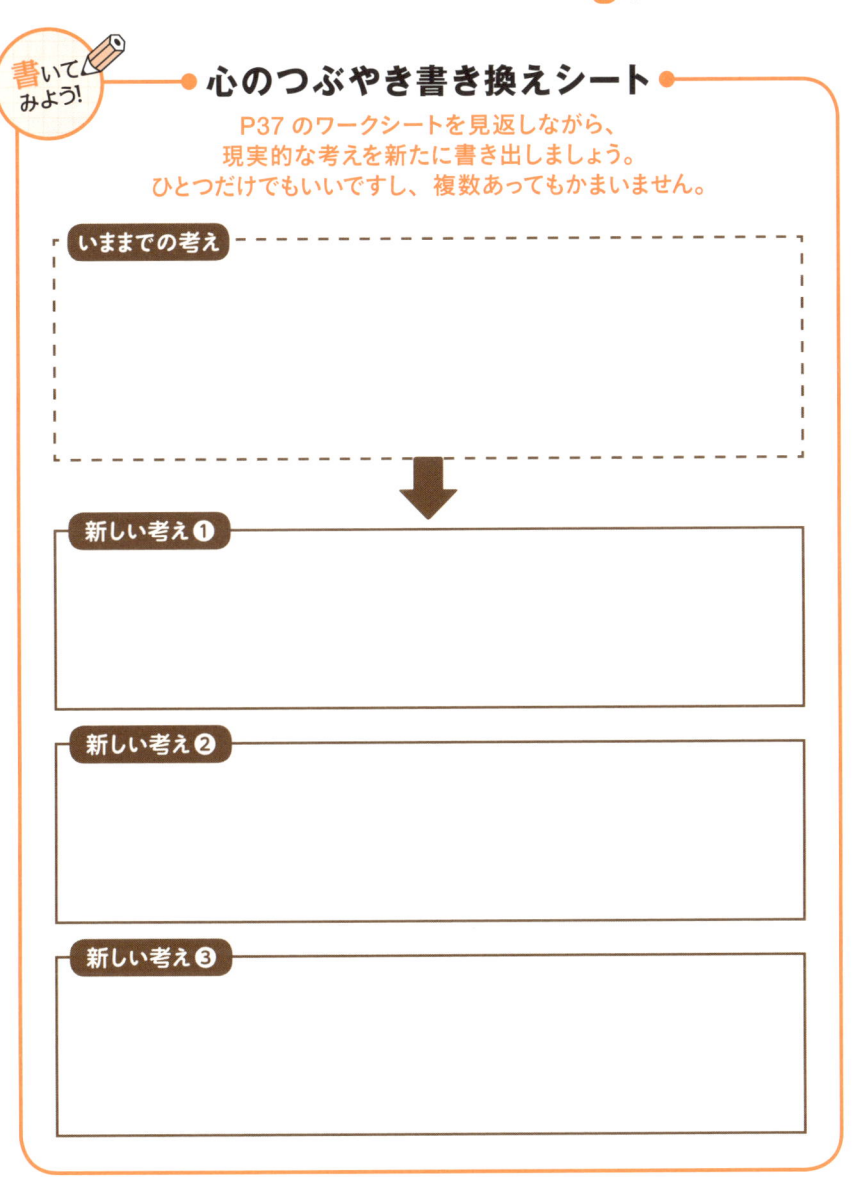

Part **1** 心のつぶやきを見つめ直す

心のつぶやき書き換えシート

書いて
みよう!

P37のワークシートを見返しながら、
現実的な考えを新たに書き出しましょう。
ひとつだけでもいいですし、複数あってもかまいません。

いままでの考え

↓

新しい考え❶

新しい考え❷

新しい考え❸

ちゃんと
できてることも
ある…よね

Lesson 6
頭に浮かぶイメージを修正する

皆が私を悪くいっている!

　つらい気分で過ごしているとき、何らかの場面が頭に浮かぶことはありませんか?

　たとえば、職場の皆から悪く思われている気がするとき。自分がいないオフィスで、「あの人、仕事遅すぎだよね」「このあいだもこんなミスをして……」と皆がいっている場面がたびたび頭に浮かびます。現実にそんな場面を目にしたことは一度もないというのに、皆の表情、オフィスに置かれた観葉植物まで、ディテールがありありと浮かんでしまうのです。

　人によっては、このようなイメージが頭に浮かぶことで、心が苦しくなります。

　新しい考えを言葉で何度つぶやいてみても、いつものイメージがじゃまをして、考えを変えられないこともあります。

　そこで今回のワークでは、頭に浮かぶイメージを別のイメージに変えることに挑戦します。

　まずはいつものイメージを「Before」欄に描き、次に新たなものの見かたにもとづく現実的なイメージを「After」欄に描きます(→P45)。紙芝居が次のシーンに切り替わるときのように、場面の切り替えをはかるのです。**新たなイメージを何度も思い浮かべるうちに、気持ちが徐々にラクになります。**

　絵の上手下手を気にする必要はありません。遊び感覚で、好きなように描いてみてください。

言葉より、映像が効く人もいる

人の思考法は、「言語型」「ビジュアル型」の2タイプに大別されます。一般的には言語をベースにものごとをとらえる人が多いのですが、ビジュアル先行でものごとをとらえ、感覚的に動くタイプの人もいます。言語型の人は論理的といわれ、ビジュアル型の人はクリエイティブな能力にすぐれています。

どちらがよいということはありませんが、ビジュアル型のほうが、心がつらくなりにくい傾向があります。心のなかのイメージが次々に切り替わり、「すんだことはすんだこと」として思考が展開していくため、特定の思考にとらわれにくいようです。**言語による思考が、人の悩み、苦しみの源であるという説もあります。**

「私は言語型だ」という人も、今回のワークに取り組んでください。特定のイメージが浮かばない人は、P41に書いた新旧の考えを絵にしましょう。言語によるとらわれから解放され、心が軽くなるきっかけになるかもしれません。

心がラクになる言葉 ❶

「自分のことは気になるが、他人のことは気にならない」

心がつらいときには、人と視線を合わせたり、人の多い場所に行くのがイヤになります。
「自分のダメな部分を相手に見透かされそう」「みんなが自分のダメな部分に注目している」と感じるからです。そんなときは、この言葉を思い出してください。あなただって、他人のことはそんなによく見ていないはずです。
自分の欠点ばかりがくっきりと見えるのは、あなたの心にある認知のゆがみのせいなのです。

心のイメージ修正シート

Aさんの場合

「皆からダメな人だと思われている」と思い込んでいたAさんは、その想像上の場面を絵にしました。次に「ほかの人も上司に怒られているし、私のことをとくに悪くは思っていない」という現実的な場面を「After」の欄に描きました。

Before

このあいだもこんなミスを

困るよね！

A子ってさ…

After

昼ご飯何にする？

あの新しいお店行こうよ

私何でもいいよー

Part ❶ 心のつぶやきを見つめ直す

書いてみよう!

心のイメージ修正シート

あなたの頭のなかに浮かぶイヤな場面、
いままでの考えをあらわすような場面を「Before」欄に描いてください。
それを現実的に妥当と思われる場面に修正し、
「After」欄に描きましょう。

Before

After

Lesson 7 心がつらくなった別のできごとにも取り組む

いろんな思いが、次々に浮かんでくる

　頭のなかに浮かぶホットな思考は、ひとつではありません。職場にいるときは「私はミスばかりしている」と感じ、家に帰れば「ひとりぼっちで孤独だ」と感じる。このように、さまざまな場面で心のつぶやきが生まれているのが普通です。

　また、**ひとつの考えを修正しても、別の考えに悩まされることもあります。**

　仕事のミスについては「ちゃんとできていることもあるから、大丈夫」と思えても、「上司にきらわれている」という考えが大きくなり、新たなゆううつの種になるかもしれません。

　前回までのワークで取り組んだ思考以外で、あなたを苦しめていることは何ですか？　**ほかにつらくなった場面がないかを思い出し、同じワークで思考の修正をはかりましょう。**

　一度取り組んだ方法ですから、今回はよりスムーズに取り組めるはずです。P49の「トリプル・カラムシート」に、できごとの詳細、そのときの考え、認知のゆがみのタイプを書き込みます。最後に、現実に即した新たな考えと、そのように考えたときの感情の点数を記入しましょう。

　現実に即した新たな考えがすぐに浮かばないときには、もう一度、「心のつぶやき検証シート」を活用するといいでしょう（→P37）。多くの反論を考えるうちに、現実的で偏りのない考えが見つかるはずです。

一日の終わりに、その日のできごとを書く

　トリプル・カラムシートは、本書のワークをすべて終えた後も、繰り返し役立ててください。

　心にひっかかるできごとがあったら、その日の終わりに記入し、思考の修正に取り組みましょう。**日々のストレスをそのつど処理していくことで、心のつらさを防ぐことができます。**

　また、長い人生のなかでは、大病やリストラ、離婚など、耐えがたいようなできごともあるかもしれません。このようなときに、心に考えが浮かぶままにしていると、苦痛という大きな波に飲まれてしまいます。つらいできごとを徐々に受け入れていくためにも、このシートがきっと役立つはずです。

ワークができない日もあってもいい

　ひとつだけ注意してほしいのは、「トリプル・カラムのワークを毎日必ずやらなくては」という思考にとらわれること。

　完璧をめざすタイプの人は、「必ず」「どんな場合も」という言葉で、自分をしばってしまうことがあるからです。

　帰宅が深夜になった日などは、ワークは明日にして寝てしまいましょう。**ほどほどに手を抜くことも、認知行動療法における大切なワークです。**

> がんばりすぎないことも、大切なワークだよ

Aさんの場合

トリプル・カラムシート

Aさんの心を重くしたきっかけは仕事のことでしたが、
いまや友人関係でも、考えにゆがみが生じていることがわかりました。

日時・できごと

昼の休憩中、友人のB子にメールをして
「週末に会おう」と誘ったが、返事が返ってこない。

心のつぶやき

私と会っても楽しくないと思ってるんだ。
きらわれてしまったのかもしれない。

感情

孤独　95%　　悲しい　85%　　自己嫌悪　80%

ゆがみのタイプ（P19〜21参照）

マイナス化思考

新たな考え

仕事が忙しかったりして、
すぐに返事を送れないことは誰だってある。
すぐに返事しなくてはいけないようなメールでもない。

彼女から誘ってくることも多いのだから、
きらわれているとは考えにくい。

新たな感情

孤独　60%　　悲しい　50%　　自己嫌悪　45%

Part 1 心のつぶやきを見つめ直す

書いてみよう!

●トリプル・カラムシート●

P41までで取り組んだ内容以外に、あなたの心にひっかかっているできごとは何ですか? そのときの思考と感情、ゆがみのタイプを検証しましょう。新たな考えに修正した後の、いまの感情も記入します。

日時・できごと

心のつぶやき

感 情

ゆがみのタイプ（P19〜21参照）

新たな考え

新たな感情

49

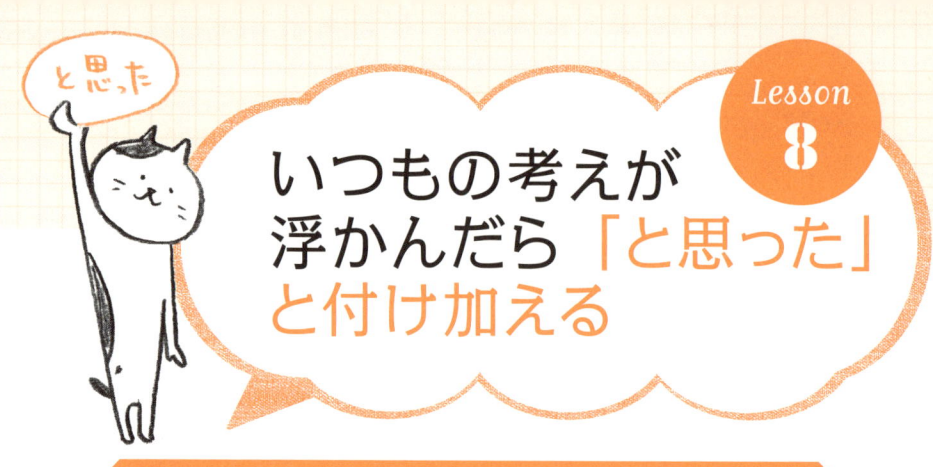

Lesson 8
いつもの考えが浮かんだら「と思った」と付け加える

手ごわい思考には、別の手を打つ

　今回は、1分でできる簡単なエクササイズからはじめましょう。紙も鉛筆もいりませんので、次の内容に、いまこの場で取り組んでください。

> これから1分間、シロクマのことだけは考えないでください。
> それ以外のことなら、
> どんなことを思い浮かべてもかまいません。

　……1分たったでしょうか。
　あなたの頭のなかには、いま何が浮かんでいますか？　おそらくシロクマのことで頭がいっぱいになっているでしょう。シロクマのことなんて、ふだんはまったく考えていないのに！
　このエクササイズは、思考をコントロールするのがいかにむずかしいかを教えてくれます。**考えるなといわれると、そればかり考えてしまう。それが人の心の法則です。**
　心をつらくする考えについても、同じです。新しい考えを思い浮かべるようにしていても、ふとしたときに古い考えがよぎり、心がつらくなることがあります。
　そんなときは、頭のなかの考えと距離を置く方法が役立ちます。**古い考えが浮かんだら、とっさに「と思った」と付け加えてください。**思考は思考としてほうっておき、そう考えている自分を客観視するためです。

怒りや緊張、不安感をコントロールする

　思考を思考としてほうっておく方法は「マインドフルネス認知行動療法」とよばれます。頭のなかの考えにとらわれず、目の前のものごとを、ありのままに受け入れるやりかたです。

　思考によって心がつらくなるのは、まるでそれが真実のように思えるから。「自分はミスばかり」「皆にきらわれている」というストーリーを信じ込み、自信を失ってしまうのです。

　「と思った」と付け加えると、どんな考えもただの言葉となり、力を失います。それが真実ではないという気づきは、心に冷静さを与えてくれるはずです。

この方法は、怒りや緊張、不安感のコントロールにも効果的です。

「"何て理不尽なんだろう。あの人だけは許せない"と思った」
「"どうしよう、もうおしまいだ！"と私は思った」
「"不安で死にそうだ"と私は思った」

　こう思うだけで、思考や気分に飲み込まれるのを防げます。

　強い感情がわきあがってきたときのとっさの手段としても、覚えておくと便利です。

対岸の火事はこわくない

　古い考えと距離を置くために、ビジュアルイメージを活用する方法もあります。

　なかでも有名なのは「葉っぱのトレーニング」。**葉っぱにのせた思考が川を流れるようすを思い浮かべると、思考はただの思考であると実感できます。**対岸の火事と同じで、あなたをおびやかす存在ではなくなるでしょう。右ページの「シアター鑑賞トレーニング」も同じ原理です。思考にとらわれる自分を鑑賞者として眺めることで、心に冷静さが戻ってきます。

やってみよう! 【 葉っぱのトレーニング 】
次のシーンを思い浮かべ、図の空欄にあなたの考えを記入してください。

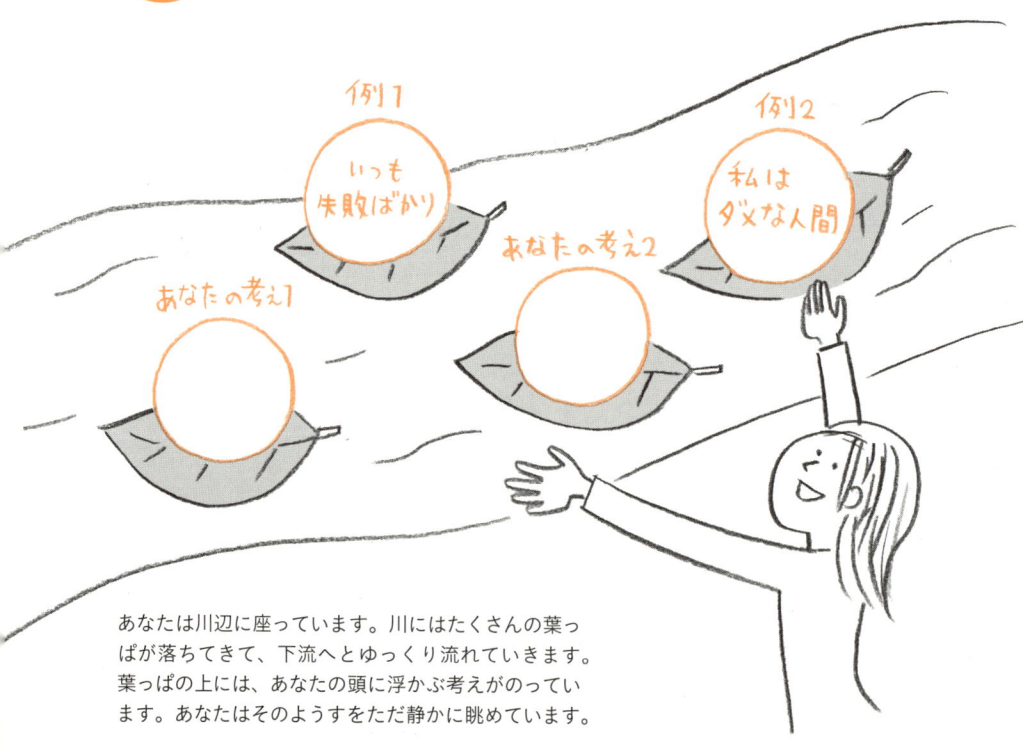

例1　いつも失敗ばかり
例2　私はダメな人間
あなたの考え1
あなたの考え2

あなたは川辺に座っています。川にはたくさんの葉っぱが落ちてきて、下流へとゆっくり流れていきます。葉っぱの上には、あなたの頭に浮かぶ考えがのっています。あなたはそのようすをただ静かに眺めています。

Part ① 心のつぶやきを見つめ直す

【シアター鑑賞トレーニング】

やってみよう！

次のシーンを思い浮かべ、図の空欄にあなたの考えを記入してください。

いつもの考え1

いつもの考え2

いつもの考え3

あなたは大きな映画館で、真ん中の席に座っています。観客はあなただけ。スクリーンには、つらい考えにとらわれて、悲しくなっているあなたが映っています。

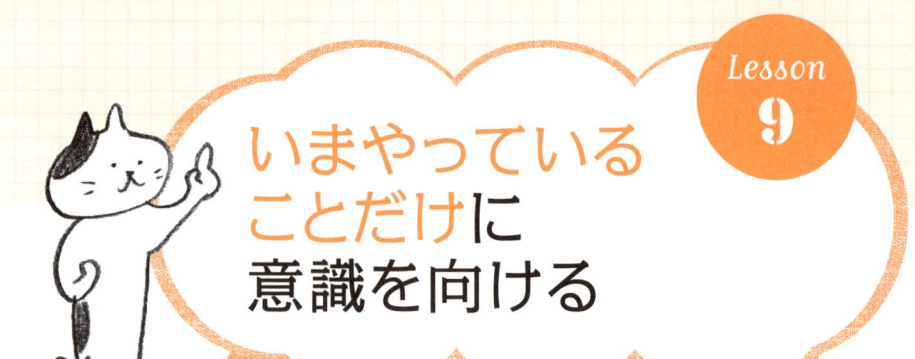

Lesson 9 いまやっていることだけに意識を向ける

コーヒーの風味を味わっていますか？

　思考と距離を置くことは、「何も考えてはいけない」と思い込むことではありません。**目の前のものに意識を集中させ、感覚をとぎすませることです。**

　たとえばコーヒーを飲むとき。私たちはたいてい、考えごとをしたり、テレビの画面、手もとの資料や本に目を向けながら、なかば無意識的に口をつけています。高級な豆を買い求め、淹れかたにこだわっている人であってもです。

　今日一日やるべきこと、それについての不安に心がとらわれ、香りや色、味わいを感じられなくなっています。

　コーヒー1杯の飲みかたを変えるだけでも、心のありようは変化します。目の前のものに心を開く「マインドフルネス」の状態に、徐々に近づいていきます。頭のなかにしつこくすみついていた考え、気分が小さくなっていくのです。

　あなたには、目の前の景色がよく見えているでしょうか。

　今朝飲んだコーヒーの風味は、どのようなものでしたか？

思考のループに巻き込まれないために

今日やるべきことを頭のなかで反すうするのは、悪いことではありません。失敗のないように段取りを考えることは、効率よく働き、暮らすための大切な作業です。

しかし私たちの暮らしは、効率のために存在するわけではありません。私たちが働く企業にとって、あるいは社会生活を送るコミュニティにとって、それが便利であるというだけのこと。**効率や業績ばかり重視していると、日常を味わう感覚が失われ、心のなかの考えにとらわれてしまいます。**

せめて日常的な営みのなかでは、目の前のものを味わう感覚を思い出してください。料理をつくるときは、じゃがいもの皮をむき、包丁で切ることに。あるいは、煮炊きする鍋から立ち上ってくる香りに。このような感覚を意識的にもつことは、思考のループから心を守るための大切な手段です。

日常の行動に、心の目を開く

日常のあらゆる場面が、心の目を開くチャンスとなりうる。日常的な行為こそていねいに、心をこめておこなうことが大切。

- 料理をつくる
- 皿を洗う
- 歯をみがく
- 洗濯をする
- シャワーを浴びる
- 花に水をやる
- 車の運転をする

【3分でできる呼吸法】

やってみよう!

ゆううつや不安などの気分にとらわれているときは、特定の気分や思考と心が一体化しています。マインドフルネスな呼吸法で、呼吸だけに意識を集中させて、気分や思考と距離を置きましょう。

Step 1
イスに座り、背すじを伸ばす

イスにゆったりと座り、足をしっかり床につけ、背すじを伸ばす。自宅でおこなうときは、あおむけでやってもいい。

Step 2
長く息を吸う

心のなかで「長く息を吸っている」とつぶやきながら、ゆっくり息を吸う。空気が鼻から入り、肺が徐々にふくらんでいく流れに意識を向ける。時間は何秒でもいいので、無理のない範囲で。

Step 3
長く息を吐く

「長く息を吐いている」とつぶやきながら、鼻からゆっくり息を吐き出す。息を吐き切ったことを肺やおなかで感じたら、再びゆっくり息を吐く。時間の決まりはないが、3分程度続けると心が落ち着いてくる。

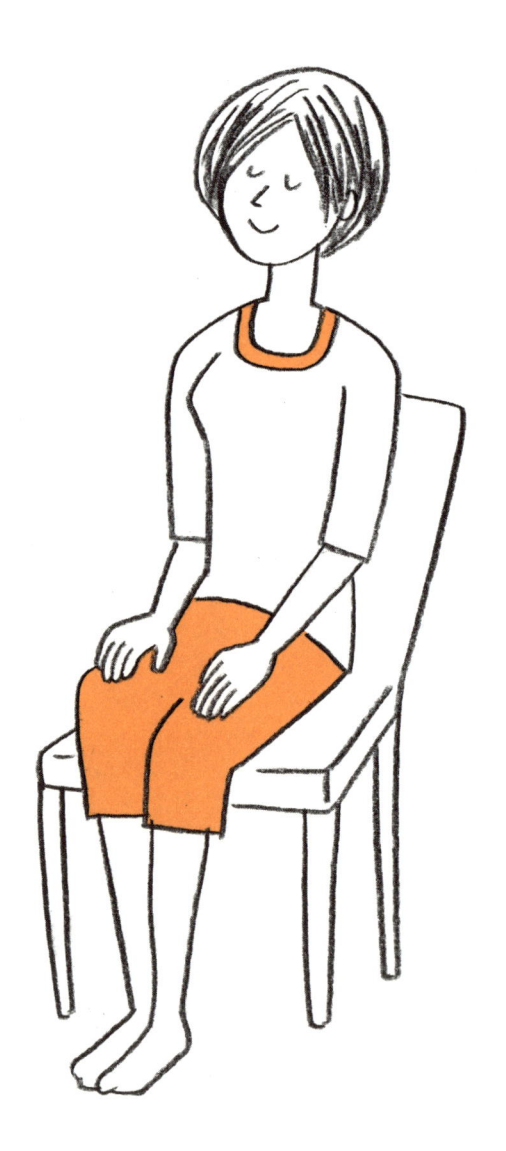

Part 2

はじめの一歩を踏み出す

心が晴れないときは、友人に会ったり、
遊びに出かけたりする気分にはなりにくいもの。
でも本当は、気分が行動を決めるのではなく、行動が気分を
決めるのです。いつもの行動を少し変えてみるだけで、
心のゆううつが徐々に軽くなってきます。

| 脳の
プチトレ | # 計算問題を
スピーディに解く |

◆ 単純計算で、前頭葉のはたらきがよくなる ◆

　簡単な計算問題をスピーディに解くと、脳の前頭前野が活性化して、ものごとに集中しやすくなったり、記憶力がよくなることがわかっています。

　ポイントは、なるべく速く解くこと。タイムをはかって、前回より速く解けているかどうか確認するといいでしょう。

　ワークをおこなう前には毎回、❶〜❸のいずれかのトレーニングに挑戦してください。

トレーニング ❶

5＋3＝□　　7−1＝□　　9×3＝□

4÷2＝□　　1＋5＝□　　6×8＝□

3−0＝□　　2×9＝□　　8−5＝□

9＋2＝□　　8×3＝□　　9÷3＝□

1×0＝□　　7×8＝□　　6−4＝□

5−2＝□　　6＋7＝□　　8÷2＝□

Part ❷ はじめの一歩を踏み出す

トレーニング ❷

11 − 3 = ☐	7 + 21 = ☐	30 + 7 = ☐
9 + 22 = ☐	55 − 3 = ☐	15 − 2 = ☐
40 + 1 = ☐	22 + 7 = ☐	20 − 5 = ☐
10 − 9 = ☐	36 + 5 = ☐	42 − 7 = ☐
50 + 5 = ☐	80 − 2 = ☐	11 + 6 = ☐

トレーニング ❸

10 × 2 = ☐	30 ÷ 3 = ☐	8 + 23 = ☐
50 − 3 = ☐	22 − 2 = ☐	12 × 3 = ☐
33 ÷ 3 = ☐	40 × 2 = ☐	70 − 1 = ☐
90 + 2 = ☐	13 − 9 = ☐	50 ÷ 5 = ☐
11 × 4 = ☐	20 ÷ 4 = ☐	36 + 8 = ☐

答えが合っているかどうか不安なときは、計算機で確認してみましょう。指先で計算機を使うことも、脳の活性化に役立ちます。

行動を変えると新たな「気づき」がある

◆ 1日1個でいい。いつもと違うことをしよう ◆

　心がゆううつでつらいときに、「部屋にこもってばかりいないで、外に出たら？」といわれたら、どう感じるでしょう。「それができないからつらいのに……」と、ますます悲しくなりますね。不安でつらくなっているときも同じです。「こわがってないで、まずやってみなさい」といわれても、それができない。いままで普通にできていたことまで、恐ろしくてたまらなくなるのが、不安による症状なのです。

　しかしいまのあなたは、新たな考えかたを身につけています。自分は何もできないわけじゃないし、皆が自分を見ているわけじゃない。半信半疑であっても、その考えはあなたを動かす原動力となります。また、**行動のパターンが変わると、新たな考えが現実に即したものであることもわかってきます。**

　1日1個でも十分です。勇気を出して、いつもと違った行動にチャレンジしてみましょう。

Part ② はじめの一歩を踏み出す

◆ 景色が変わると、心の眺めも変わる ◆

休日に、一日中家で過ごしている場面を想像してください。

何もやる気が起きず、ソファで横になって、テレビをぼんやり見ています。気づけば窓の外は暗くなり、「ああ、今日も何もできなかった」と悲しくなる。「私には何ひとつうまくできない」という、いつもの考えが再び浮かびます。

行動と思考、気分は、このように深くつながっています。

そこでP64からのワークでは、**心がつらくなりやすい行動を少しずつ減らし、つらくなりにくい行動を増やしていきます。**

上の例でいえば、暗くなる前にスーパーに買い物に行ったり、外に散歩に出かけたり。それだけでも、夕方のゆううつな気分を軽くできます。思い切って外に出ると、想像していたほどゆううつなことではないと気づけるでしょう。

このように行動を変えるうち、新しい考えは徐々に確信に変わります。そうなればしめたもの。いままで経験したことのない行動、やってみたかった行動にもチャレンジできるようになります。ゆううつさや不安が完全になくなるわけではありませんが、それでいいのです。**イヤな気分に圧倒されず、これまでと同じ生活を取り戻すこと、望んでいる生活を手に入れること。**それが今回のワークの最終的な目標です。

Thursday — *Friday* — *Saturday*

うつで つらいとき

◆ **うつのループから少しずつ抜け出す** ◆

うつ病においてはとくに、気分、行動、思考が密接に影響し合っています。そのため行動を変えることは、治療においても大切な役割を担っています。

つねにゆううつさに押しつぶされそうになる「大うつ病性障害」の場合も、状況によってひどくゆううつになる「非定型うつ病」の場合も同じです。**楽しい行動は、思考と気分に変化をもたらします。**

ただ、いままでと同じ行動がすぐに楽しめるとは限りません。いまのあなたにとって無理なく楽しめる行動を増やすことが大切です。

P64からのワークで、その行動を見つけていきましょう。

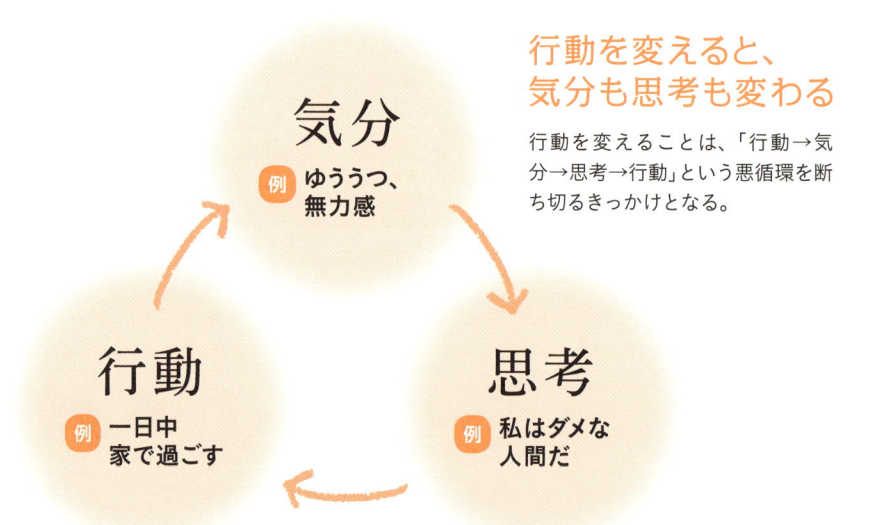

行動を変えると、気分も思考も変わる

行動を変えることは、「行動→気分→思考→行動」という悪循環を断ち切るきっかけとなる。

- 気分　例 ゆううつ、無力感
- 思考　例 私はダメな人間だ
- 行動　例 一日中家で過ごす

Part ❷ はじめの一歩を踏み出す

不安でつらいとき

◆ 恐れていたことは、現実には起こらない ◆

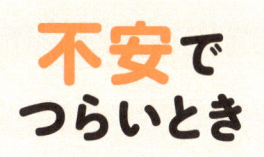

　不安に悩む人の多くは、不安を感じる場面を避けるようになります。これを「回避行動」といいます。

　回避行動をとると、心は一時的に落ち着きます。しかしこれを続けていると、不安はさらにつのり、ほかの場面まで恐ろしく感じるようになります。

　そこで重要なのが、いままで避けてきた行動に少しずつ取り組み、心身を慣らしていく方法です。**小さな成功体験を積み重ねることで、「恐れていたことは何も起こらない」と実感できるようになります。**

　P64からのワークでは、自分の回避行動が何かを意識して、いつもの行動パターンを少しずつ変えていってください。

自分でつくった柵を飛び越える

「柵の向こうは危険！」という考えは、あなたの心のなかでつくり出されたルール。小さな柵を少しずつ飛び越えていくうちに、恐れていたような危険は存在しないとわかる。

Lesson 1
１週間の行動を表に書き出す

行動とともに、そのときの気分も書く

　行動に変化を起こす前に、まず、いまのあなたの生活パターンを書き出してみましょう（→P68、69）。一日の終わりに、その日何をして過ごしていたかを時間帯別に記入します。

　このワークを、これから１週間毎日続けてください。

　行動欄の右側には、そのときの気分を書き込みます。とくにいま問題となっている気分を書き出し、それを数値化する作業です。この数値から、どんな行動をとっているときにつらい気分になるか、つらい気分がやわらぐかが見えてきます。

　ポイントは、「仕事」「食事」などと、行動をひとくくりにしないこと。仕事の場合は書類仕事なのか外回りなのか、内容もひと言書き添えます。

　食事をしたときは、誰と何を食べたかも重要です。

　自宅でコンビニの食事をとるときと、同僚とランチに行くときとでは、気分が違います。人によっては、「いまはひとりで食べるほうが落ち着ける」「大人数での食事がつらい」という場合もあるかもしれません。

　記入するうちに、「自分の生活はなんて単調なんだろう」「楽しいことなんてひとつもない」と、ますますゆううつになるかもしれません。でも、この先のワークをおこなうことで、生活も気分も必ず変わります。一時的なゆううつさ、ただの思考ととらえて、毎日コツコツ取り組んでください。

どんなふうにゴロゴロしていた？

平日と休日とでは、時間の使いかたが違います。

それぞれに特有の行動パターン、気分を見つけるために、**平日の行動は「平日編」のシート、休日の行動は「休日編」のシートに記入してください。**

なお、休日の過ごしかたを聞かれたときに、「ずっと家にいて、何もしていません」と答える人もいます。

でも、ソファで横になってテレビを見ていることも、布団から出ずに本を読んでいることも、ひとつの行動です。どんなふうにゴロゴロしていたか、そのときの気分はどうだったかを、時間帯別に書き出しましょう。

誰かに提出し、評価を受けるためのシートではないので、自分をよく見せようとする必要はありません。ありのままの行動を書き出してください。

Case Study　Bさんの場合（30代・男性）

「自分を好きになる人なんて、どこにもいないと思います」

人と話すときに緊張や不安を感じるようになり、対人関係が以前よりつらくなりました。とくに1対1の会話では間がもたず、話がいつも途切れがち。「つまらない人間だと思われている」と思うと、ますます緊張して、うまく話せなくなります。

昔は彼女だっていたし、友だちとさわぐこともよくあったのに、最近では人に会っても楽しめません。休日は家でゴロゴロしているだけ。「このままずっと孤独なのかも」と思うとゆううつになります。

気分と活動のモニタリングシート

Bさんの場合

会社では営業の仕事をしているBさん。
平日は7時に起きて出社しますが、休日は遅く起きて、
ほとんど家で過ごしていることがわかりました。

平日編

時　間	行　動	〔 ゆううつ 〕
5：00		
6：00		
7：00	起床、朝食（パン）、シャワー	55
8：00	通勤	70
9：00	仕事（メールのチェック）	60
10：00	仕事（ミーティング）	70
11：00	↓	
12：00	昼食（同僚と外食。カツカレー）	45
13：00	仕事（営業で外回り）	80
14：00		
15：00		
16：00		
17：00		
18：00	↓	
19：00	仕事（書類作成）	50
20：00	↓	
21：00	夕食（ひとりで外食。ラーメン）、帰宅	50
22：00	シャワー、ビール、インターネット	60
23：00	ビール、インターネット	80
24：00	↓	
25：00	就寝	
26：00		

Part 2 はじめの一歩を踏み出す

休日編

時　間	行　動	〔 ゆううつ 〕
5：00		
6：00		
7：00		
8：00		
9：00		
10：00	起床、テレビ	70
11：00	テレビ	70
12：00	昼食（やきそばをつくる）	50
13：00	インターネット（ゲーム）	60
14：00	↓	
15：00	↓	
16：00	インターネット（ゲーム）、間食	80
17：00	インターネット（ゲーム）	75
18：00	↓	
19：00	↓	
20：00	外出（コンビニ、本屋）	45
21：00	マンガ	60
22：00		
23：00		
24：00		
25：00	↓	
26：00	就寝	

書いてみよう！ 気分と活動のモニタリングシート

あなたは今日一日、どんなふうに過ごしましたか？
そのときの気分とともに、時間帯別に書き込みましょう。

平日編

時　間	行　動	〔　　　　　〕
5：00		
6：00		
7：00		
8：00		
9：00		
10：00		
11：00		
12：00		
13：00		
14：00		
15：00		
16：00		
17：00		
18：00		
19：00		
20：00		
21：00		
22：00		
23：00		
24：00		
25：00		
26：00		

＊コピーして繰り返し使ってください。計1週間分になるまで、毎日記入を続けましょう。

Part 2 はじめの一歩を踏み出す

休日編

時　間	行　動	（　　　　　）
5:00		
6:00		
7:00		
8:00		
9:00		
10:00		
11:00		
12:00		
13:00		
14:00		
15:00		
16:00		
17:00		
18:00		
19:00		
20:00		
21:00		
22:00		
23:00		
24:00		
25:00		
26:00		

Lesson 2 気分がつらくなる行動はどれ?

気分がつらくなった行動をチェック

1週間分の行動、気分を記録し終えたら、まずは平日編の5日間分を見返します。

とくに気分の点数が高かった行動はどれですか？

5日間分のシートのなかで、点数がもっとも高い行動を丸で囲み、P73のシートに書き出しましょう。そのときの気分の強さもあわせて書き込んでおきます。

次に休日編の2日間分のシートも同様に見返して、もっとも気分がつらくなった行動と、気分の強さを書き出します。**反対に、点数が低かった行動についてもチェックしておきましょう。**

Bさんの場合、仕事で外回りをしている時間帯、帰宅後にビールを飲みながらインターネットを見ている時間帯が、ともに80点。平日の行動のなかでもっとも高得点でした。

気分がつらくなる行動を書き出してみて、Bさんは少し意外に感じました。外回りや対人関係が苦痛の種と感じていたのに、家でゴロゴロしている時間も、同じくらいゆううつだったためです。一方、同僚とランチに出ているときは、ゆううつさの点数が低いことにも気づきました。Bさんはこのことを、「つきあいが長く、気心が知れている相手だからかな？」と解釈しました。

このように、**自分でふだん認識していたことが事実ではないと気づける場合もあります。**

Part ❷ はじめの一歩を踏み出す

Bさんの場合

気分と活動のモニタリングシート

Bさんの毎日でとくに点数が高かったのは、日中の外回りと、帰宅後の時間帯。同点の場合は、ふたつとも丸で囲んでおきます。

平日編

時　間	行　動	〔 ゆううつ 〕
5：00		
6：00		
7：00	起床、朝食（パン）、シャワー	55
8：00	通勤	70
9：00	仕事（メールのチェック）	60
10：00	仕事（ミーティング）	70
11：00	↓	
12：00	昼食（同僚と外食。カツカレー）	45
13：00	(仕事（営業で外回り))	80
14：00		
15：00		
16：00		
17：00		
18：00	↓	
19：00	仕事（書類作成）	50
20：00	↓	
21：00	夕食（ひとりで外食。ラーメン）、帰宅	50
22：00	シャワー、ビール、インターネット	60
23：00	(ビール、インターネット)	80
24：00	↓	
25：00	就寝	
26：00		

71

Bさんの場合 ● **気分がつらくなる行動シート** ●

平日の外回りのほかに、家でビールを飲んだり、間食しながらインターネットを使っているときに、ゆううつになりやすいとわかりました。

平日編

❶ 時間帯：13：00 ～ 18：00

行動：営業で外回りをしていた

気分とその数値：〔　　ゆううつ　　〕　**80** 点

❷ 時間帯：23：00 ～ 25：00

行動：自宅でビールを飲みながら、インターネットを閲覧していた

気分とその数値：〔　　ゆううつ　　〕　**80** 点

休日編

❶ 時間帯：16：00 ～ 17：00

行動：間食しながら、インターネットでゲームをしていた

気分とその数値：〔　　ゆううつ　　〕　**80** 点

❷ 時間帯：

行動：

気分とその数値：〔　　　　　　　〕　　　点

point
「朝起きたときにつらくなりやすい」「暗くなってくるとゆううつ」など、時間帯そのものが気分に影響することもある。1週間分のシートを見返すときは、時間帯別の気分にも注目してみよう。

Part ② はじめの一歩を踏み出す

気分がつらくなる行動シート

書いてみよう!

「平日編」「休日編」のワークシートを見返して、もっとも
点数が高かった時間帯と行動、そのときの気分を書き出しましょう。

平日編

❶ 時間帯：

行動：

気分とその数値：〔　　　　　〕　　　点

❷ 時間帯：

行動：

気分とその数値：〔　　　　　〕　　　点

休日編

❶ 時間帯：

行動：

気分とその数値：〔　　　　　〕　　　点

❷ 時間帯：

行動：

気分とその数値：〔　　　　　〕　　　点

気分がつらくなる行動が、はっきりしてきたね！

Lesson
3

気分がよくなる行動を1日1個増やす

ゆううつな時間を、心が晴れる時間に変える

　気分がつらくなりやすい時間帯・行動が特定できたら、その時間帯の行動を見直します。点数が低く、気分がつらくなりにくいものが見つかったら、その行動に置き換えてください。

　見つからない場合には、新たな行動を考えてみましょう。

　Bさんの場合、仕事での外回りを変えることはできません。部署異動を願い出る方法もありますが、そこまでは考えていませんでした。以前は、営業をさほどつらく感じていなかったためです。

　そこで、「ビールを飲みながらインターネットを閲覧する」「間食しながらインターネットでゲームする」という残りの行動を変えることにしました。

　ゴロゴロして飲み食いしながらインターネットを見ているのは、それが楽しいからではありません。人づきあいにおける緊張や不安、ゆううつさを避けたかったから。でも、その結果として「こんな自分を好きになる人なんていない」「この先もずっと孤独だ」という考えが浮かぶことに気づきました。

　一方、ちょっとでも外に出たときは、ゆううつさが低下していることがわかりました。少し体を動かして、外の空気を吸うだけでも、気分が変わるかもしれない。そう思い、平日の夜は軽い筋トレとストレッチをおこない、休日の夕方はカフェでコーヒーを飲んでくることにしました。

> ### 不安でつらい人は、不安度の低い行動を増やす

「人ごみに出るのがこわい」といった不安感を抱えている人は、不安の点数が高い行動を、少し点数の低い行動に変えましょう。デパートに行くのがこわいなら、近くのスーパーに行く。電車での長距離移動がつらければ、短い距離で電車に乗る。無理なくできる行動の頻度を増やすのです。

このときに大切なのは、Part1で考えた新たな認知を思い出すこと。頭のなかで何度もとなえながら、行動してください。「恐れていたような事態は起こらない」「人は自分のことなど気にしていない」ということが、実感できるはずです。

小さな成功体験を積み重ねることで、強い不安を感じる行動を徐々に克服できるようになります。

気分がしずみやすい行動の例

Bさんの例からもわかるように、インターネットの閲覧やゲーム、間食、飲酒などの行動には、気分をよくする効果は望めない。一時的に気が晴れても、その後で自己嫌悪に陥ったり、ゆううつになったりしがち。
体を動かす行動、五感を刺激する活動を増やそう。

テレビ　　インターネット（SNSを含む）

喫煙　　飲酒　　ゲーム　　間食

気分をよくする行動シート

Bさんの場合

長時間のインターネット使用、ひとりで飲むお酒、
間食などをやめ、少し体を動かしたり、
外に出る時間を設けることにしました。

平日編

時間帯：23：00 〜 25：00

いつもの行動：ビールを飲みながら
インターネットを閲覧している

⬇

新たな行動：好きな音楽を聴きながら、
筋トレとストレッチを15分ずつおこなう

休日編

時間帯：16：00 〜 17：00

いつもの行動：間食しながら、
インターネットでゲームをする

⬇

新たな行動：外に出て、
駅前のカフェでコーヒーを飲む

---

point
気分がつらくなる行動を長時間おこなっていた場合は、
その時間すべてを見直すのが理想的。
ただし、完全には切り替えられそうもないときは
1時間だけでも別の行動にし、つらい気分を断ち切る。

Part ❷ はじめの一歩を踏み出す

書いて
みよう!

気分をよくする行動シート

とくにつらくなりやすい行動を
気分がよくなる行動に置き換えましょう。
不安に悩む人は、がんばればできるくらいの行動に置き換えます。

平日編

時間帯：

いつもの行動：

⬇

新たな行動：

休日編

時間帯：

いつもの行動：

⬇

新たな行動：

少し面倒に思える
くらいの行動が、
ちょうどいいよ

Lesson 4
行動後の気持ちに点数をつける

頭のなかのグルグルが、止まりはじめる

　新しい行動を決めたら、あとは実行あるのみ。**P77で書き出したとおりに新しい行動を試してみましょう。行動を習慣化するためにも、最低2回は試してみてください。**

　実行後は、そのときの気分に注目します。

　ネガティブな気分は、100点満点中何点でしたか？　気分を数値化し、P81のワークシートに書き込んでください。

　下のメモ欄には、行動を変えてみてどのように感じたかを書き留めておきます。

　以前より気分がよくなっていれば大成功。1回目と2回目とで気分の変化が見られれば、いうことはありません。新しい習慣として、行動を定着させましょう。

　気分がつらくなりやすい別の時間帯についても同じ方法で取り組み、楽しめる行動を増やしていってください。

　以前と気分が変わらなかったり、より悪化した場合には、難易度が高すぎた可能性があります。

　無理なくできそうな別の行動を考え、再度チャレンジしてみましょう。

新しい行動に心を集中させる

　新しい行動を実行するときは、目に映る景色、目の前の人やものごとをていねいに見て、感じてください。

　Bさんの休日のように、「カフェでコーヒーを1杯飲む」という行動であれば、外の景色や、店内で思い思いに過ごす人たちを眺めるのも楽しみのひとつ。いままで頼んだことのない上質なコーヒーを味わうのもいいでしょう。

　自分以外のことに意識を向けて、その時間の心地よさを感じることが大切。その結果、頭に浮かぶネガティブな思考のループに巻き込まれにくくなります。

どうしても踏み出せないときは

　新しい行動がどうしてもおっくうで、実行に移せないこともあるかもしれません。そんなときは、**実行する日時をはっきり決めて、カレンダーやスケジュール帳に書き入れましょう**。

　自分で自分の背中を押してあげるのです。

　行動を変えるワークは、「心がつらくて何もできない、したくない」という気分を変えるためのもの。先に気分ありきではなく、先に行動ありきです。思い切って動いてみると、想像より簡単なことだったと気づくでしょう。

Bさんの場合

気分の変化チェックシート

ワークシートを記入した翌日と翌々日に、
筋トレとストレッチに挑戦したBさん。
週末には、夕方にカフェに行く課題も実行しました。

平日編　　行動

好きな音楽を聴きながら、
筋トレとストレッチを15分ずつおこなう

❶ 日時：3月12日（木）　24：30〜25：00

気分とその数値：〔　ゆううつ　〕　**40** 点

❷ 日時：3月13日（金）　23：30〜24：00

気分とその数値：〔　ゆううつ　〕　**30** 点

休日編　　行動

外に出て、駅前のカフェでコーヒーを飲む

❶ 日時：3月14日（土）　16：00〜17：00

気分とその数値：〔　ゆううつ　〕　**45** 点

❷ 日時：3月15日（日）　16：00〜17：00

気分とその数値：〔　ゆううつ　〕　**30** 点

memo
体を動かすことも外に出ることも、
想像していたよりずっと気持ちのいいことだった。
2回目は、やる前のゆううつな気分も起きず、
すぐ行動に移せた。

Part 2 はじめの一歩を踏み出す

書いて みよう!

気分の変化チェックシート

新しい行動を2回以上試し、
実行した日時と、そのときの気分を書き込みましょう。
気づいたこと、感じたことはメモ欄に記入します。

平日編　　行 動

❶ 日時：

　気分とその数値：〔　　　　　　　〕　　点

❷ 日時：

　気分とその数値：〔　　　　　　　〕　　点

休日編　　行 動

❶ 日時：

　気分とその数値：〔　　　　　　　〕　　点

❷ 日時：

　気分とその数値：〔　　　　　　　〕　　点

memo

Lesson 5
先延ばししていることを片づける

先延ばしほど、ゆううつなものはない

　前回のワークを実行できないまま、新しい行動を先延ばしにしている人は、その問題に片をつけてしまいましょう。
　気分がつらいときは、「いまはそんな気分じゃないから、今度にしよう」と、行動を先延ばししがち。
　しかしそれを続けていると、その行動がとても面倒なもの、手に負えないものに思えてきます。ささいなことであっても、心のなかでイメージが巨大化してしまうのです。そのイメージがイヤな気分を悪化させ、気分と行動の悪循環に巻き込まれてしまいます。
　「前回のワークは実行できたけれど、先延ばししている行動がほかにある」という人も、今回のワークでその悪循環を断ち切りましょう。
　まずは先延ばししている行動を、P84のワークシートに書き出してください。そして**先延ばししていることのメリット、デメリットを思いつく限り記入します。**
　記入したシートを見ると、デメリットのほうがずっと多いとわかるはずです。このまま先延ばししていても、自分にとっていいことは何もないと実感できるでしょう。
　大切なのは、**気分によって行動を決めるのではなく、メリットがあるかどうかを基準に動くことです。**これを習慣にすると、さまざまな場面で先延ばし行動を防げます。

Part ❷ はじめの一歩を踏み出す

Bさんの場合

メリット&デメリット比較シート

独身でひとり暮らしのBさん。
気分がつらくなりはじめてからは、
シーツや布団カバーの洗濯がおっくうで、いつも先延ばしにしていました。

先延ばし行動

シーツと布団カバーを洗濯する

メリット
① 面倒な洗濯をせずにゴロゴロしていられる

デメリット
① 汗のニオイや汚れがどんどんたまっていく
② ベッドに入るたびに、ずっと洗っていないことを思い出してゆううつになる
③「友だちや彼女が部屋に来るわけでもないし……」という考えが浮かび、ますます自分がイヤになる
④ ゴロゴロしていても、別に楽しくはない

結論

メリットよりデメリットのほうが多い。
これ以上先延ばしにするのはやめよう。

書いてみよう!

メリット&デメリット比較シート

あなたが先延ばしにしている行動と、
先延ばしすることのメリット、
デメリットを思いつく限り書き出しましょう。

先延ばし行動

メリット

デメリット

結論

Part 2 はじめの一歩を踏み出す

いざやってみると、思った以上にすっきりする

　先延ばししていてもいいことがないと実感できたら、すぐに手をつけてしまいましょう。まずは**その行動の難易度と満足度を予想して、下のワークシートに記入しておきます**。行動に移した後は、実際の難易度と満足度を書き入れます。

　やってみると、難易度は予想より小さく、満足度は予想よりずっと大きいものです。「それほど面倒ではないし、片づけてしまったほうがすっきりする」ことがよくわかります。

Bさんの場合　●先延ばし行動克服シート●

シーツや布団カバーの洗濯は「とんでもなく面倒なこと」に
思えていましたが、実際にやってみると、難易度はたったの30点でした。

	予想		結果
難易度	80 点 →		30 点
満足度	45 点 →		85 点

書いてみよう！　●先延ばし行動克服シート●

あなたが先延ばししている行動について、
難易度と満足度を予想してください。
実行後の数値も記入し、予想とのズレを検証しましょう。

	予想		結果
難易度	点 →		点
満足度	点 →		点

Lesson 6 やったことのない行動にチャレンジ

いままでの思い込みを「実験」でくつがえす

　今回からのワークでは、行動パターンをさらに広げていきます。**いままで「自分には無理」と思い込んでいたことは何ですか？　「きっと失敗する」と恐れて、できずにいたことはない**でしょうか。

　かつてはやっていたのに、いまはできなくなっている行動でもかまいません。

　このような行動にチャレンジすると、Part1で得た新たな考えが、確信に変わります。「失敗することもあるけれど、たいていはうまくできる」「失敗しても、たいしたことは起こらない」という思考を、実験で検証するのです。

　実験ですから、うまくいっても、いかなくても大丈夫。失敗は、次の実験につながる大切な材料です。

　たくさんの体験を積み重ねるうちに、成功も失敗も落ち着いた気持ちで受け入れられるようになってきます。

「自分には無理」と思い込んでいた行動は？

まずは、Part1で取り組んだ「いままでの考え」「新たな考え」を、P89のワークシートに書き込みます。

そのうえで、**新たな考えの裏づけとなりそうな行動案を考えます。できそうかどうかは度外視し、やってみたいことをできるだけ多く書くのがポイントです。**

すべて書き出した後で、現実的にできそうかどうかを考えましょう。考えられる限りもっともむずかしいことを100点とし、100点満点中何点かを、右側の欄に記入します。

Bさんの場合は、自分から人に近づいて親しくなることが苦手です。でも、「自分を好きになる人なんていない」「このまま孤独だ」という考えをくつがえすには、自分から動くしかないこともわかっています。

そこで行動案として書き出したのは、親しくなりたい相手を食事に誘うことや、知らない人が多く集まる場所に出かけること。なかでも「できたらいいな」と思ったのは、気になっている総務部の女性を食事に誘うことです。

心がラクになる言葉 ❷

「誘われてイヤだったことなんて、ある？」

人を誘うのがこわい、不安だという人は、自分の立場に置き換えて考えてみてください。

人から誘いを受けて、イヤな気分になったことはありますか？ 誘いに応じられなくても、その気持ちをうれしく感じるのではないでしょうか。

人を誘うときは、その気持ちを思い出してください。不安な気持ちは、頭のなかでつくり上げられたものにすぎないのです。

Bさんの場合

自分を変えるチャレンジシート

Bさんにとっての行動目標は、
自分から人に近づいて、親しくなること。やってみたいこと、
できたらうれしいと思うことを上から順に書き出しました。

いままでの考え

自分を好きになってくれる人なんて、どこにもいない

⬇

新たな考え

誰にも好かれないということはない。自分から話しかけたり食事に誘ったりすれば、親しくなれる人もいる。

⬇

新たな行動案と難易度

難易度

❶ 総務部のC子さんを食事に誘う
（いつも感じがよくて、素敵だなと思っている女性） … 95点

❷ ジムに入会し、親しくなれそうな人に声をかけて、飲みに誘う … 85点

❸ 異業種交流のパーティに参加して、初対面の人とうちとけて話す … 70点

❹ 取引先の男性Dさんに「今度、飲みにでも行きませんか？」と誘い、親しくなる … 55点

❺ 同じビルで働く人とエレベーターで乗り合わせたときに、「こんにちは」「おつかれさまです」とあいさつする … 50点

Part ❷ はじめの一歩を踏み出す

書いてみよう!

自分を変えるチャレンジシート

まずはいままでの考え、新たな考えを書き出します。
さらに新たな考えの裏づけとなりそうな行動、新たに挑戦してみたい
行動を順に書き出し、難易度を数値で書き込んでください。

いままでの考え

↓

新たな考え

↓

新たな行動案と難易度

難易度

❶ _____ □ 点

❷ _____ □ 点

❸ _____ □ 点

❹ _____ □ 点

❺ _____ □ 点

Lesson 7 アクションプランをたてる

難易度が中くらいの行動を選ぶ

前回のワークで書き出した案のうち、どの行動に取り組むかを決めましょう。**難易度が中くらいで、「できたらうれしいな」と強く感じるものがベストです。**

難易度が高すぎるものを選ぶと、不安すぎて実行に移せない可能性があります。かといって簡単すぎるものでは、成功しても自信につながりません。「このくらいのこと、できてあたりまえ」と思いかねないからです。

ただし乗り物や人ごみなど、特定の状況に不安を感じている人は別です。もっとも難易度の低い行動からチャレンジし、小さな成功を積み上げていくことが大切です。

行動をひとつ選んだら、実行する日時を決めて、P93のワークシートに記入します。 どのように行動するかの具体的なプランも考えましょう。

Bさんの場合は、3つ目にあげた「異業種パーティに参加」を選びました。本当は、総務部の女性を食事に誘いたいのですが、いまのままではとても自信がありません。その点、異業種パーティなら、たくさんの人と話す練習になります。知らない相手なら、失敗しても傷が浅くてすみそうです。

ただし、たくさんの人と名刺交換だけして終わるのでは、意味がありません。「最低15分以上会話をする」ことを目標にし、アクションプランに書き込みました。

結果を予測し、対処法を考えておく

ワークシート中央の欄には、結果の予測を記入します。**「失敗したらどうしよう」という漠然とした不安に対し、現実的な対策をたてるためです。**対策を練っておけば、その場でパニックになったり、深く落ち込むこともありません。

結果はひとつではありません。思いつく限り書き出します。

そして、それが現実になったときの対処法を考えます。新しい考えをもとに、いつもの行動パターンとは違う対処法を見つけてください。Bさんの例でいうと、「話が盛り上がらなくても、また別の人に話しかければよい」といった内容です。

失敗したときに、失うものは何？

「失敗したらどうしよう」という不安は、ほうっておくと肥大し続けます。形のない漠然とした不安ほど手ごわいのです。

どうしても不安に感じるときは、失敗したときに何を失うかを考えてください。恥をかいたとして、あなたの何が失われるのでしょう？ 名声を失うわけでも、資産を失うわけでもない。たとえそれらを失ったとして、それがどれほどのことでしょう。

失って二度と手に入らないものなど、じつは何もないことを覚えておいてください。

実験だから、どんな結果になっても平気だよ

Bさんの場合

アクションプランシート

初対面の人と15分以上話すと決めたBさん。
頭に浮かんだ予測はどれも悲観的なものでしたが、
対処法をできるだけ客観的に考えてみました。

アクションプラン

3月20日（金）19：00〜21：00

丸の内で開かれる異業種交流のパーティに参加。
初対面の人に話しかけ、15分以上会話をする。

結果の予測＆対処法

1. 話しかけても無視される

➡ 無視するような人も、なかにはいるかもしれないが、
別の人に話しかければいいだけのことだ。

2. 名刺交換だけして、相手が立ち去る

➡ 知り合いと一緒に来る人もいるんだから、自分と話したくなくて
立ち去ったとは限らない。また別の人に話しかけよう。

3. 会話が盛り上がらず、相手がその場を離れてしまう

➡ 話が合う人もいれば、合わない人もいて当然だ。
せめてあとふたりくらいは、別の人に話しかけてみよう。

結果

＊「結果」の欄は、アクションプランの実行後に記入します。

Part ❷ はじめの一歩を踏み出す

書いて
みよう!

アクションプランシート

いつどこで、何を実行するか、
アクションプランの欄に書き出しましょう。
さらに行動の結果を予測し、現実的な対処法を考えます。

アクションプラン

結果の予測＆対処法

1. _____
➡

2. _____
➡

3. _____
➡

結 果

93

Lesson 8
とっさの呼吸法で不安をしずめる

パニックになりそうなときは、息を吐く

新しい行動が不安な人は、とっさのときに役立つ呼吸法をマスターしておきましょう。とくにパニック発作を経験したことがある人には、役に立つ方法です。

2.5秒間ほど吸い、2.5秒間ほど吐く。これが一般的な呼吸時間ですが、不安感の強い人は、呼吸時間がより短くなっています。とくに吸う時間が長くなり、吐く時間が短くなるため、体内の酸素が過剰になりがち。その結果、冷や汗などの症状も出て、不安がますます大きくなります。

不安を感じたら、時計を見ながらゆっくり呼吸をしましょう。3秒吸って3秒吐くことを繰り返します。

パニック発作が起きそうなときは、右ページのようにときどき息を止めるようにすると、息を深く吸えるようになります。

不安障害と診断され、治療を受けている人は、主治医に相談しておくことも大切です。そのうえで、不安をしずめる頓服薬を持参して出かけるといいでしょう。もっているだけで安心感が得られます。

Part ❷ はじめの一歩を踏み出す

【 パニック発作を防ぐ呼吸法 】

やってみよう!

「胸がドキドキして苦しい」などの前兆を感じたら、下の呼吸法を試してください。ヨガを習っている人は日ごろ実践している方法でも、同様の効果が期待できます。

Point
鼻から吸って口から吐く

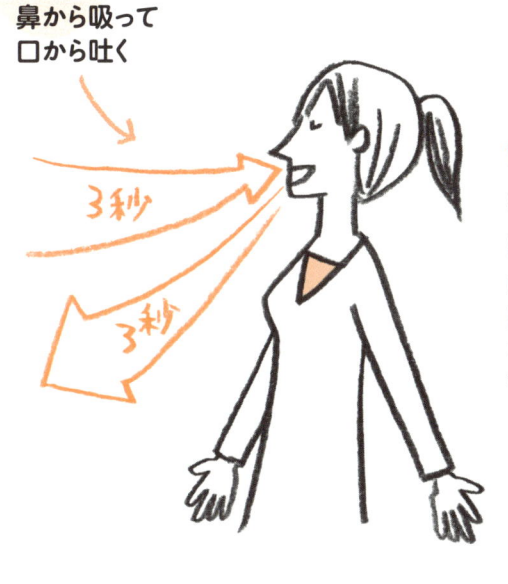

3秒
3秒

Step 1

3秒間息を吸い、
3秒間息を吐く

吸う時間と吐く時間を、ぴったり同じにすることが大切。
ただし3秒間で苦しく感じる人は、無理のない程度まで短くする。

ピタッ
10秒

Step 2

1分たったら、
息を止める

1の呼吸を1分間続けたら、5〜10秒間ほど息を止め、酸素と二酸化炭素のバランスを整える。
ただし、かえって苦しくなるようなら、このプロセスは省いてもよい。

Lesson 9 アクションプランを実行、検証する

どんな結果も「気づき」につながる

今回のワークは、P93で決めたアクションプランを実行していることが前提です。まずは**アクションの結果とその感想を、P93の「結果」の欄に書き込んでください。**

予測どおりの結果で、うまく対処できた場合は、同様の行動をひんぱんに試してみましょう。

頻度を増やすほど、イヤな気分は軽くなっていきます。

予測どおりにいかなかった場合は、P93の「結果の予測＆対処法」に修正を加え、もう一度同じ行動を試してみます。

あまりに気分が動揺し、二度とやりたくないという場合は、P89で難易度の低いものを選び直します。少しずつ難易度を上げていくと、落ち着いた気持ちで新たに取り組めます。

心がラクになる言葉 ❸

「私、人見知りなんです」

人との会話で緊張する人は、「私、人見知りなんです」と最初にいってしまいましょう。「よく見られたい」「ダメな部分を隠したい」という気持ちから解放され、落ち着いて話せるようになります。特定の状況で緊張しやすい人は、右のような自己開示も役立ちます。

【その他の自己開示例】

間ができるとあわてますよね！

素敵なお店で緊張しちゃいますね

Part 2 はじめの一歩を踏み出す

Bさんの場合

アクションプランシート

はじめての異業種パーティに参加したBさん。
事前に予測していたよりずっと相手の反応がよく、
30分以上も楽しく話すことができました。

アクションプラン

3月20日（金）19：00～21：00

丸の内で開かれる異業種交流のパーティに参加。
初対面の人に話しかけ、15分以上会話をする。

結果の予測＆対処法

1. 話しかけても無視される

➡ 無視するような人も、なかにはいるかもしれないが、
別の人に話しかければいいだけのことだ。

2. 名刺交換だけして、相手が立ち去る

➡ 知り合いと一緒に来る人もいるんだから、自分と話したくなくて
立ち去ったとは限らない。また別の人に話しかけよう。

3. 会話が盛り上がらず、相手がその場を離れてしまう

➡ 話が合う人もいれば、合わない人もいて当然だ。
せめてあとふたりくらいは、別の人に話しかけてみよう。

結果

自分と同じようにひとりで立っていた女性に
「よかったらごあいさつだけでも」と話しかけたところ、
「知らない人ばかりだから、どうしようって思ってたんです」と
ニコニコして答えてくれた。
仕事の話をするうちに、オフィスが近いことがわかり、話がはずんだ。
途中からほかの人も加わって、30分以上楽しく話せた。
メールアドレスも聞いてくれたので、皆で交換し合った。
その後も思い切って、ふたりの人に話しかけることができた。

新たな考えは、嘘じゃなかった！

　パーティ会場が近づくにつれ、不安がつのり、「やっぱり帰ろう」とまで思ったBさん。

　「でも、ここで帰ったらいつもと同じだ……」。その思いで自分をふるいたたせ、会場までたどりつくことができました。

　知らない人ばかりでしたが、自分と同じくひとりで立っている人もいます。

　なかでもやさしそうな女性を見つけて声をかけたところ、思った以上に話がはずみ、徐々にほかの人たちも加わりはじめました。最後は、皆でメールアドレスの交換をすることもできました。

　自分から動けば、人と親しくなれる。**Bさんの新たな考えは、希望的観測ではなく真実でした。**

　その結果が、右ページの「アクションプラン検証シート」です。

もう1段階むずかしいことも試してみよう

このような成功体験を得ることができたら、さらに段階を上げていくことも大切です。

　P89でリスト化した行動のうち、次に難易度が高いものも試してみてください。

　行動の内容が変われば、新たな不安、ゆううつさが生じることもあります。今回の行動と同様に、ワークシートでアクションプランをたて、対処法を考えてのぞみましょう。

Part ② はじめの一歩を踏み出す

Bさんの場合 ● **アクションプランシート検証シート** ●

事前の予測が悲観的すぎたことに気づいたBさん。新たな
考えは本当だったとわかったいま、その確信度は90%になりました。

気づいたこと

事前に予測していたことは、現実には起こらなかった。悪いほうにばか
り考えてしまっていたが、実際にはとても楽しく話せて驚いた。思い切っ
て話しかければ、たいていの人は気持ちよく応えてくれるとわかった。

新たな考えと確信度

誰にも好かれないということはない。
自分から話しかけたり食事に誘ったりすれば、
親しくなれる人もいる。

90 %

書いてみよう! ● **アクションプランシート検証シート** ●

事前の予測と、実際の結果とのギャップを
「気づいたこと」の欄に書きましょう。
その下には、新たな考えと、いまの確信度を記入します。

気づいたこと

新たな考えと確信度

％

Lesson 10 これからやってみたい10のことを書き出す

心が元気だったら、何がしたい？

前回までのワークでは、新たな考えの裏づけとなる行動に挑戦しました。このワークは、これからも日々続けていってください。成功と失敗を繰り返すうち、「うまくいくこともいかないこともある。それでいいんだ」と思えるようになってきます。

もう、自分の行動を制限する必要はありません。 望む人生を手に入れるために、本当にやりたいことを考える段階です。

Bさんの場合

やってみたいこと、10のリスト

Bさんは、いままでやってこなかったことを思いつくままにあげました。大小さまざまですが、人生を楽しむきっかけになりそうな気がしています。

1. 職場の同僚を、気軽に飲みに誘う
2. 気になっている女性を食事に誘う
3. つらいときに、何でも話せる友人をつくる
4. 入ったことのない店で、いつもよりちょっといい服を買う
5. コンビニ食ばかりではなく、体にいい料理をつくってみる
6. 床屋ではなく美容院に行く
7. 早起きして、カフェでコーヒーを飲んでから会社に行く
8. ゲーム以外の趣味を見つける
9. ひとりでバーに入って、1杯飲んで帰ってくる
10. はじめての海外旅行に行く

Part 2 はじめの一歩を踏み出す

何年かかってもいい。この道のりを楽しもう

　人の行動パターンは、いつしか固定化されていくもの。

　心が元気であろうとなかろうと、新たな行動にチャレンジする機会は少しずつ減っていきます。

　今回のワークは、生きかたを変える大きなチャンスになるでしょう。**やってみたいことを思いつくままに10個あげ、下のリストに書き込んでみてください。**

　すべてのことを、すぐに実行できなくてもかまいません。Bさんの例でいえば、生活スタイルを変えることはすぐにできますが、何でも話せる友人がいつできるかはわかりません。でも、小さなことから行動を変えるうちに、自分をとりまく状況は大きく変わっていくものです。

　今後の目標として、楽しく思い浮かべながら進んでいくことが大切です。リストを実現できる日は、必ずやってきます。

書いてみよう！ ・**やってみたいこと、10のリスト**・

あなたがこの先やってみたいことは何ですか？
望む人生に近づくための行動を、10個あげてみましょう。

1.
2.
3.
4.
5.
6.
7.
8.
9.
10.

101

Column

鏡のなかの自分をのぞいてみよう

　表情には、心のありようがあらわれています。心のつらさが軽くなってくると、硬くこわばっていた表情がやわらかくなり、いい表情になってくるもの。臨床の場でも、表情は症状の変化をあらわす大切なサインといわれます。

　行動を変えるワークを終えたら、鏡に映るあなたの表情を見てみてください。

　いい表情になっていると思いませんか？　満面の笑みとはいかなくても、やわらかさが戻ってきているはずです。

　心がつらいと、鏡を見るのもイヤになることがありますが、落ち着いた心持ちで鏡を見られることも大きな進歩です。いいと思うところも、よくないと思うところも含め、自分のいろんな部分を受け止められるようになったということです。

　これからおこなうワークの後も、鏡のなかの自分を見つめ、いまの自分をにっこりと受け入れてあげてくださいね。

Part 3

心のルールから解放される

心のつらさの原因は、あなた自身がつくり出したルールにあります。
「高い業績を上げるために、努力すべき」
「皆から好かれる存在でなくては」といったルールを信じ込み、
自分を責めたり、イヤになったりしてはいないでしょうか。
心を苦しめるルールはもう必要ありません。

脳のプチトレ　文章の書き取りをする

文章の書き取りや音読をすると、脳の前頭前野が活発にはたらき、集中力が高まります。本章のワークの前に、次の文章の書き取りをしましょう。2回目以降は音読でもかまいません。

「秋刀魚の鱗」

　秋は秋刀魚がおいしい季節だ。旬の秋刀魚は、暗青色の背中と銀白色に輝く腹部が美しい。店頭に並ぶ秋刀魚に鱗はないが、それを秋刀魚の本来の姿だと思っている人が多いようだ。私自身そう思っていたのだが、実は違うらしい。海の中を泳ぐ秋刀魚の体は、びっしりと鱗に覆われているというのだ。大きな網で獲られるときに、暴れ回ることではがれ落ち、あの見慣れた姿になるのだという。

　その事実を知って以来、鱗に覆われた秋刀魚を見てみたいと思うようになった。寒流の冷たい海を泳ぎ続ける秋刀魚は、すぐにはがれてしまう頼りない鱗で、傷つきやすい自分の体を守っていたのだろう。そんな鱗を、かつては私も持っていたような気がしてならないのだ。

Part 3 心のルールから解放される

トレーニング 1 左の文章を、ていねいに書き写してください。

「自転車」

　長年乗っているママチャリが、またパンクした。さびも目立つ自転車を引きながら自転車屋に向かったが、途中で、修理から買い換えに気持ちがシフトした。

　以前は商店街まで買い物に行く程度だったが、このところ自転車に乗る機会がやたらと増えている。今後、自転車なら片道30〜40分かかる場所に、定期的に通う用事もできた。電車やバスだと乗り換えが面倒だし、荷物も重いが、自転車なら……。

　日頃運動不足で、15分も自転車をこぐとフーフーいってしまう。そんな自分を反省しつつ、同い年の友人の美しい体型が目に浮かんだ。彼女は昔から、片道1時間以上かけて自転車通勤している。だからあれほどスマートな体を保っているのかもしれない。わが腹まわりに目をやる。「自転車ダイエットするか!?」

　長い時間走るなら、やはり気分が高揚するような、かっこいい〝マイカー〟がほしい。スポーツ車でさっそうと走っている自分を想像してニヤニヤしているうちに、いつもの自転車屋についた。「おじさん、私にぴったりのおしゃれな自転車ないですかあ!」

トレーニング 2　左の文章を、ていねいに書き写してください。

気分がつらくなる「生きかたのルール」に気づく

◆ 価値観が心をつらくする ◆

　Part2までのワークを終えて、心のつぶやきは変化しましたか？　つらい気分が、少し軽くなったのではないでしょうか。
　問題となっていた考えは克服できたものの、新たな考えが生まれ、心のつらさに悩まされている人もいるかもしれません。
　以前より心地よく過ごせているけれど、いつかまたつらくなるかもしれない、という不安もあるでしょう。
　心をつらくする考えが次々に思い浮かぶのは、心の奥にひそむ価値観のせいです。頭に浮かぶ考えは氷山の一角にすぎず、水面下には、より大きな氷山が広がっているのです。

◆ 性格と価値観は、別のもの ◆

　価値観は、自分では気づきにくいもの。その価値観を長く信じ、大切に守ってきたあなたにとっては、あまりにも自明の「生きかたのルール」だからです。自分はどうあるべきか、他人はどうあるべきか、世の中はどんなものでなくてはならないか。言葉として明確になっていなくても、そうした価値観が必ずあるはずです。そこで**完璧さを求めたり、現実的でない基準を設けることで、ゆがんだ考えが生まれているのです。**
　価値観は性格とは違います。どれほど長くつきあってきたものであっても、あなた自身ではありません。
　性格のせいではなく、価値観のせいでつらくなっていることを知っておいてください。

◆ 心のつぶやきにひそむ共通点は？ ◆

　頭に浮かぶいつもの考えには、必ず共通点があります。そこから、あなたが抱えている価値観が見えてきます。
　「また失敗した」「次もうまくできない」と考える人は、「自分は無能だ」という価値観を抱えています。「また悪口をいわれた」「非難された」という考えが浮かぶ人には、「人には悪意がある」「世の中はきびしい」という価値観があります。「いいことなんてひとつもない」「いつかクビになる」とおびえている人は、「自分は幸せになれない」と信じ込んでいます。
　次々に浮かぶつらい思考を止めるには、この価値観を変えるしかありません。

自分のこと
「私には価値がない」
「私はきらわれ者だ」
「私には何ひとつ手に負えない」

心のなかには3つの価値観がある

うつ病の治療では、自分、世の中、将来に対するゆがんだ受け止めかたを「うつ病認知の三徴」または「否定的認知の三徴候」という。うつ病以外でも、ストレスでつらくなっている多くの人にあてはまる。

世の中のこと
「ほかの人は皆、有能だ」
「人には悪意がある」
「世の中はきびしい」

将来のこと
「私は幸せになれない」
「この先も失敗し続ける」
「私は一生、負け組だ」

過去のルールと決別し、とらわれない生きかたをめざす

◆ 自分を苦しめるルールは、もういらない ◆

　生きかたのルールには、役に立つものと役に立たないものがあります。その基準は状況、年齢によっても変わります。
　「いい成績をとらないと、両親に認めてもらえない」「いうことをきかないと、怒られる」。このようなルールは、一時的には役に立つかもしれません。がんばって勉強し、まじめでいい子として育ち、いい大学に入ることもできるでしょう。
　しかしこのルールを無条件に信じて成長すると、「高い成果を出してこそ価値がある」「自分の考えを主張してはいけない」という思い込みで、自分を苦しめることになります。
　両親から刷り込まれたルール、家庭や学校で身につけたルールが、いつまでも役に立つとは限らないのです。
　それでも、幼少期のルールを深く信じる人は後をたちません。
　とくに両親から受け継がれた価値観は、疑いようのない真実に映ってしまいがちです。

◆ ゆがんだ価値観にケリをつける ◆

親からの愛情に「条件つき」のルールがあった人は、大人になってからも自己評価が低く、親との関係に悩むことが多いようです。「親の望むようにふるまわないと、愛してもらえない」「ほどほどの結果では認めてもらえない」といったケースです。

しかし親との関係がどのようなものであれ、いまのあなたの人生は、あなたのものです。たとえ親から認めてもらえなくても、自分で幸せをつかむことができるのです。

なぜ価値観にゆがみが生じたか、誰のせいなのかを考えても、心はつらくなるばかり。犯人探しにはいったんケリをつけ、あなたの人生をよくする方法に目を向けてください。

◆ 誰も正しくないし、誰も間違っていない ◆

親に限らず、どうしても許せない相手、「この人のせいでつらい目にあった」という相手もいるかもしれません。このようなとき、相手を無理に許そうとしても、心はますます苦しくなります。

無理に押さえつけるほど、感情は暴発するのです。

何をされたにせよ、相手には相手の好きにふるまう権利があります。あなたの望むようにふるまう義務も、謝らなければならない道理もありません。

自分の思う正しさと、相手にとっての正しさは違います。暴力をふるうようなケースを除けば、どちらかだけが正しくて、どちらかだけが間違っていることはないのです。

「あの人は、あの人のしたいようにしただけだ」と受け止めて、怒りより自分の生活を大切にしてください。

どうしても怒りから離れられないときは、P138～139のコントロール法も役立ちます。

あなたにとって人生で大切なものは何?

◆ できる人、強い人をめざさない ◆

つらい感情をのりこえることは、人生の目的ではありません。

大切なのは、これからどのように生きたいか、どんなことを楽しみたいか。 そのことに焦点をあててください。

「社会的に成功したい」「パートナーに愛されたい」といったことでもいいでしょう。ただし、それらは人生の一側面であることを忘れないでください。社会的成功ばかりに価値を置くと、仕事で失敗したときに自分を無価値と感じます。愛情ばかり追い求めると、愛情を失ったときに絶望的な気持ちになります。

一般にいわれている幸福の条件にとらわれず、あなたが満たされた気持ちで暮らすためには何が必要か、本当に価値があるのはどんなことかを考えてください。

それがこの章で取り組む最大のワークです。

幸福の条件

- 社会的地位
- 高い収入
- 愛情
- 高い業績
- 賞賛・人気

これらが揃えば、あなたは幸せになれますか?

◆ 大切なもののために、喜びも苦痛も受け入れる ◆

　ゆううつな気持ちや過度の不安感、怒りや悲しみが軽くなっても、ゼロになることはありません。
　ワークの目的は、それにとらわれなくなることです。
　仕事であれ家庭生活であれ、大切なものを追い求めれば、傷つくこともあるでしょう。喜びとともに、苦痛を感じる局面があるはずです。**よいことも悪いことも受け止めながら、人生に価値を見出せるようになることが、何より大切です。**
　現実を適切に受け止め、感情にとらわれずに生きられるようになるために、次ページからのワークに毎日少しずつ取り組んでください。

うつや不安の克服は人生のプロセスのひとつ

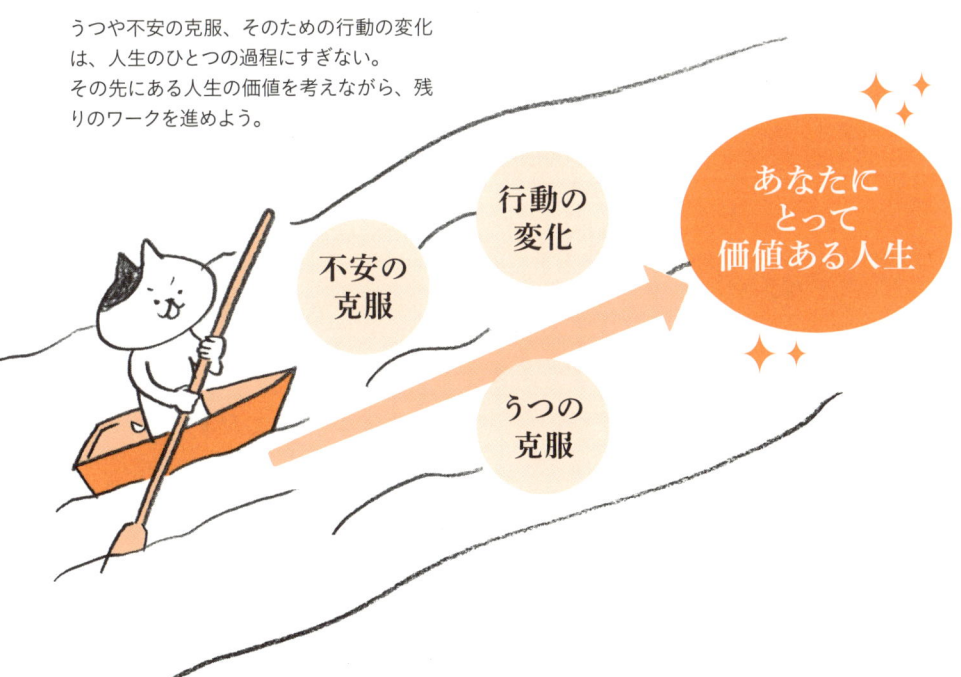

うつや不安の克服、そのための行動の変化は、人生のひとつの過程にすぎない。
その先にある人生の価値を考えながら、残りのワークを進めよう。

不安の克服 → 行動の変化 → うつの克服 → あなたにとって価値ある人生

Lesson 1

あなたを苦しめているルールは何？

強固な価値観ほど、自分で気づきにくい

　心に深く根をはっている価値観は、自分ではよく見えません。
　まずは**右ページのチェックリストを活用し、価値観のゆがみを見つけましょう。**

　チェックリストにあるのは、完璧主義、低すぎる自己評価、他者への依存など。人間関係や不安感に対する、過度の恐れも含まれます。いずれも負の感情、ゆがんだ考えの核となるものです。複数の項目にあてはまるときは、とくに強くそう感じるものをひとつ選び、価値観の修正に取り組みます。

Case Study　　**Cさんの場合（40代・男性）**

「部下に腹が立って仕方ありません」

　これまでの営業成績が評価され、課長職についたのは、昨年春のこと。最前線で稼ぐ立場から、数十名の部下を指導する立場になりました。
　しかし部下たちの業績のひどいこと！
　目標に達していないのに平気な顔をしていることにも、腹が立って仕方ありません。
　「なぜこんなこともできないのか」「自分ならすぐやれるのに」と、イライラをつのらせる毎日です。

Part ③ 心のルールから解放される

「生きかたのルール」チェックリスト

書いてみよう!

以下の質問について、「1. まったくそう思っていなかった」から
「5. 非常にそう思っていた」までの5段階のうち、
もっともよくあてはまるものを丸で囲んでください。
迷ったときは、この数日間の考えにとくに近いものを選びましょう。

	生きかたのルール	まったくそう思っていなかった	あまりそう思っていなかった	どちらともいえない	かなりそう思っていた	非常にそう思っていた
1	いつもめざましいおこないをしなくてはならない	1	2	3	4	5
2	私はすべての点で有能でなくてはならない	1	2	3	4	5
3	私はつねに業績を上げなくてはならない	1	2	3	4	5
4	いつも申し分ない行為をしなくてはならない	1	2	3	4	5
5	私はいつも頭がよく働かなければならない	1	2	3	4	5
6	ものごとは完全無欠に成し遂げねばならない	1	2	3	4	5
7	私は欠点のない人間でなければならない	1	2	3	4	5
8	自分の評判が落ちることなどあってはならない	1	2	3	4	5
9	知らないことがあるなんてがまんできない	1	2	3	4	5
10	たくさんの仕事を引き受けても、立派にこなさなければならない	1	2	3	4	5
11	いつも自分をひっぱっていってくれる人が必要だ	1	2	3	4	5
12	相談できる人がつねにいないと困る	1	2	3	4	5

つづく

生きかたのルール	まったくそう思っていなかった	あまりそう思っていなかった	どちらともいえない	かなりそう思っていた	非常にそう思っていた
13 頼れる友人がいなければやっていけない	1	2	3	4	5
14 自分より有能な人に頼らなければうまくいかない	1	2	3	4	5
15 つねに指示してくれる人がいなければならない	1	2	3	4	5
16 大きな組織のなかにいると安心していられる	1	2	3	4	5
17 偉大な人に頼って、その恩恵を被らなければ損だ	1	2	3	4	5
18 自分で考えるより、まず人に相談するべきだ	1	2	3	4	5
19 戦争が起こったら、私の人生はおしまいだ	1	2	3	4	5
20 危険や困難なことには近づかないことだ	1	2	3	4	5
21 面倒がふりかからぬよう、めだたないでいるほうがいい	1	2	3	4	5
22 リーダーなどを引き受けるとろくなことはない	1	2	3	4	5
23 いざこざが起こったときには、知らん顔をしているのにこしたことはない	1	2	3	4	5
24 何もしなくてよい状態が最上の幸福だ	1	2	3	4	5
25 自分でやるより、人にやってもらったほうがラクだ	1	2	3	4	5
26 人と話をするときは、差し障りのないことだけを話したほうがいい	1	2	3	4	5
27 子どものころの不幸なできごとが今も尾をひいている	1	2	3	4	5

つづき

Part 3 心のルールから解放される

生きかたのルール	まったくそう思っていなかった	あまりそう思っていなかった	どちらともいえない	かなりそう思っていた	非常にそう思っていた
28 一度の誤りが破局につながる	1	2	3	4	5
29 私の悩みの原因は社会的習慣の圧力のためだ	1	2	3	4	5
30 いつも人が私を悩ませる	1	2	3	4	5
31 ゆううつな気分は無意識的に生じるものだから、どうすることもできない	1	2	3	4	5
32 怒りや絶望の感情はコントロール不可能だ	1	2	3	4	5
33 ゆううつや悲しみの感情はコントロール不可能だ	1	2	3	4	5
34 批判されたり文句を言われたりすると、腹がたつのはあたりまえだ	1	2	3	4	5
35 大きな災難に出合ったら、精神的に混乱するのがあたりまえだ	1	2	3	4	5

check! 4か5にチェックがついた項目のうち、もっとも強くそう思うものを、以下に書き出しましょう。

自分がつくり上げてきた「マイルール」に気づく

Lesson 2

美しくなければ、愛されない？

　前回のワークで見つけた価値観のほかにも、あなたを苦しめる独自の価値観があるかもしれません。

　「私にとって、自分や世の中はこういうもの」「人は皆、こうあるべきだ」というマイルールです。

　自分の評価をはかる物差しは、業績や人間関係だけにとどまりません。外見の美しさをはじめ、自分の評価をはかる物差しは数限りなくあります。

　時代ごと、世代ごとに固有の物差しもあります。

　「美しくなければ、やせなければ愛されない」という価値観は、残念なことに、若い女性に共通のものとなりかけています。「働く母親は、育児と仕事をきちんと両立しなければいけない」など、役割にもとづくルールもあるでしょう。働く女性に対する企業の待遇、職場での風当たりなど、こちらも社会的な問題がかかわっています。社会的な価値観やルールが、苦しみの原因となることも少なくないのです。

　あなたに固有のルールは何でしょうか。頭によく浮かぶ考えをもとに、そのルールを探りましょう（→P121）。

　「その考えは何を意味しているか」と繰り返し問うことで、根底にあるルールにたどりつけます。

　慣れるまでは時間がかかるかもしれませんが、あきらめずに自問自答を重ねることが大切です。

Part 3 心のルールから解放される

Case Study Dさんの場合（20代・女性）

「こんな体型のままじゃ、何をやっても楽しくありません」

この数年、仕事で強いストレスがかかり、10kg近くも太ってしまいました。

周囲の人は「気にすることないよ」「もとがやせていたんだから、太っているうちに入らないよ」といってくれますが、なぐさめにしか聞こえず、鏡を見るたびにゆううつになります。服を選んで出かけることも、人に会うことも、何ひとつ楽しめません。

Dさんの場合 マイルール発見シート

体型を気にしてゆううつになっているDさん。いつもの心のつぶやきから、Dさんの心にひそむ強固なルールが見つかりました。

心のつぶやき

やせてキレイになりたいのに、また食べてしまった。ダイエットひとつうまくいかない

▼ それは何を意味しているか？

この先もずっと太ったままかもしれない

▼ それは何を意味しているか？

太ったままでは、彼氏なんてできない

▼ それは何を意味しているか？

美しくなければ、幸せにはなれない

Case Study　Eさんの場合（50代・女性）

「子どもがひきこもりになったのは、私のせいです」

　大学を卒業した息子が、就職もせず、親の小遣いで暮らしています。仕事を探すわけでもなく、ゲームをしたりして、自室でゴロゴロ過ごしているんです。口をきかないほどの状態ではありませんが、いわゆるひきこもりだと思います。まじめでいい子だったのに、なぜこんなことになったのか。
　自分の育てかたのせいと悔やまれてなりません。

Eさんの場合　マイルール発見シート

息子の人生が気がかりでならないEさんは、
仕事と子育ての両立に関する強固な価値観をもっていました。

心のつぶやき
息子が何を考えているか、まるでわからない。どうしてこんなことになったんだろう

↓ それは何を意味しているか？

仕事が忙しく、息子のそばにいてやれないことが多かった

↓ それは何を意味しているか？

私は仕事と子育てをちゃんと両立できなかった

↓ それは何を意味しているか？

母親は、仕事と子育てを完璧に両立しなければならない

Part ③ 心のルールから解放される

マイルール発見シート

書いてみよう!

あなたの心によく浮かぶ考えを、上の欄に書き出します。
「それが事実だとして、何を意味しているか」を
次の欄に繰り返し記入してください。

心のつぶやき

▼ それは何を意味しているか?

▼ それは何を意味しているか?

▼ それは何を意味しているか?

▼ それは何を意味しているか?

断定的な表現になるまで、何度でも繰り返そう!

point
- 間違った考えかどうかは気にせず、「それが正しいとして、その考えは何を意味するか」を問う。
- 生きかたのルールにたどりつくまで、問いを繰り返す。最終的には断定的で短い表現となる。

いまのルールの メリット、デメリット を書く

Lesson 3

一見正しいルールにこそ、害がある

　P115〜117で該当した価値観、またはP121で見つけた固有の価値観について検証をおこないます。

　基準は、いまのあなたにとって役立つかどうか。正しさは基準とならないことに注意します。

　強固な価値観のなかには、一見正しく、理にかなって見えるものがたくさんあります。

　「つねに業績を上げなくてはならない」などはその典型。組織で働くうえでは、あたりまえのように要請されるルールです。「結果がすべてだ」という言葉もそのあらわれです。

　このような価値観をもつ人は、高い成果を上げているあいだは、誇らしい気持ちで仕事に取り組めます。しかし現実には、つねに業績を上げ続けることなどできません。エリートビジネスマンといわれるような人でも、業績が低迷することは必ずあります。今日は健康でバリバリ働けても、明日には病気になるかもしれません。努力ではどうにもならない局面が、いつかはやってくるものです。

　業績が悪化したときに自分の価値を見失うというのは、たいへんなデメリットです。業績の低い人を見下してきた結果、周囲に助けてもらうこともできず、苦しむかもしれません。

　このような視点から、いまの価値観のメリット、デメリットを検討しましょう。

会社での価値は、人としての価値じゃない

　社会的に認知されている価値観をうたがう機会は、あまりないかもしれません。

　周囲の評価を気にする人はとくに、自分がどう思うかよりも、他人や組織、社会の価値観を優先させてしまいがちです。

　でも、会社で優秀な人といわれるために、あなたの人生があるわけではありません。査定する立場の人から何といわれようと、あなた自身の価値には関係ないのです。

　「やせているほうが美しい」といった社会の価値観も同じ。誰かが決めたルールに、無条件に従う必要はありません。「太っているのは自己管理もできない証拠だ」とまでいう人がいますが、よけいなお世話というべきでしょう。

　「他人をバカというやつこそバカだ」という言葉がありますが、特定の物差しで人の価値に口出しする人は、ゆがんだ認知に深くとらわれている人と考えてください。

　あなたの価値は、他人の物差しで決められるものではないのです。

心がラクになる言葉 ❹

「 他人を変えることなどできない 」

　人間関係の悩みの多くは、自分の望みと相手の望みのズレから生じます。その望みは、互いのルールにもとづくもの。相手には相手のルールがあり、あなたのルールに従う必要はないことを忘れないでください。

　相手が部下であったり、自分の子どもであっても、自分が望むように他人を変えることはできません。

　人は、自分が変わりたいときにしか変わらないものです。

Cさんの場合 ● **メリット&デメリット比較シート** ●

Cさんは、業績至上主義、完璧主義に対するメリットとデメリットを書き出しました。いつもと違う視点で検討すると、じつはデメリットだらけであることに気づきました。

心のルール
私はつねに業績を上げなければならない

メリット
① 高い業績を上げるために努力し、力をつけることができる
② 業績を上げ続けている限りは、昇進したり、高い報酬を得られる可能性が高い

デメリット
① 業績を上げられないと、自分が無価値に感じられる
② 部下にもプレッシャーをかけ続け、萎縮させてしまう
③ 業績のよくない人をダメな人と感じ、見下してしまう
④ つねに自分を追い込んでしまい、仕事以外の時間も楽しめない
⑤ 病気などで働けなくなったときに、みじめな人生を送ることになる
⑥ 失敗することが不安で、眠れなくなることがある

結論
メリットよりデメリットのほうが多い。
このルールは私の利益になっていない。

point 親しい友人がこのように考えていたら、あなたはどんな言葉をかけるだろう？ 友人へのアドバイスに置き換えて、メリット、デメリットを客観的に検証しよう。

Part ③ 心のルールから解放される

書いてみよう！

メリット&デメリット比較シート

P115〜117、または P121 で見つけた価値観について、
メリットとデメリットを書き出してください。
客観的な視点で、できるだけたくさん書き出しましょう。

心のルール

メリット　　　　　　　　　　　**デメリット**

結 論

もっともらしいことなのに、メリットは意外と少ないね

Lesson 4

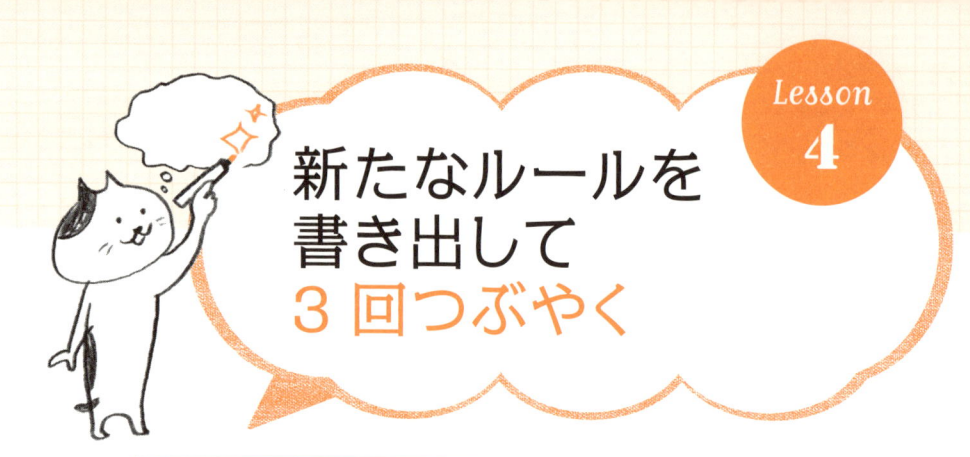

新たなルールを書き出して3回つぶやく

デメリットのない、柔軟なルールに変える

いままでの価値観について、メリットよりデメリットが多ければ、あなたを苦しめる不要なルールといえます。

新しいルールに書き換えましょう。

メリットのほうが多い場合も、多少の修正は必要です。デメリットがひとつでもあれば、非現実的で頑なな部分があるということです。

新しいルールは、あらゆる場面にあてはまる柔軟なものにします。「○○でなくてはならない」という表現は、「○○にこしたことはない」「○○だとうれしい」に変えます。

「つねに」「すべて」といった言葉は、現実には実現不可能なので、取り除きましょう。特定の価値基準によって、あなたの価値が決まるわけではないことも盛り込んでください。

このように修正をはかっていくと、右ページのCさんの例のように長いルールになるのが普通です。ひと言であらわせるルールは、ものごとの一面しか見ていないということです。

いつもの価値基準から離れられないという人は、自分にとって最悪の事態を考えてみてもいいでしょう。いまある生活がずっと続くという前提から、少し離れてみるのです。

職を失うこと、大病にかかること、大切なパートナーと別れること……。考えるだけで苦しいことですが、そんな事態にもあてはまるルールを考えてください。

Part **3** 心のルールから解放される

Cさんの場合

● 心の 新 ルール記入シート ●

業績を基準に自分を評価していたCさんですが、「業績が下がることもある」と認め、業績という価値基準にこだわらないルールを考えました。

古いルール

私はつねに業績を上げなければならない

↓

新ルール

つねに業績を上げ続けることなどできない。よい結果を出すのにこしたことはないが、業績が下がることもあって当然だ。それによって、私の価値が下がることはない。

書いてみよう!

● 心の 新 ルール記入シート ●

P125のワークシートで書き出したデメリットを見直しながら、古いルールを新しいルールに書き換えましょう。

古いルール

↓

新ルール

point
- 「〜しなくてはならない」を、「〜にこしたことはない」「〜だとうれしい」に変える。
- あらゆる場面で自分の足かせとなる、「つねに」「すべて」などの表現をなくす。

Lesson 5
1日1個、よかったことを書き留める

新たなルールの証拠を集める

　新しいルールは、この先の人生を楽しむために欠かせないものです。時間がかかってもかまいません。心から信じられるようになるまで、何度も思い浮かべてください。
　頭で考えるだけでなく、証拠を集める作業も役立ちます。
　新しいルールの証拠となるポジティブなできごとを、1日1個ずつ、P130のシートに書き出していきましょう。
　どんなささいなできごとも、記録する価値があります。自分や他人に対する高すぎるハードルを捨て、うまくいったこと、うれしかったことなどを、素直な気持ちで書き出してください。
　この作業はこれから3か月以上、毎日続けてください。
　証拠が多く集まるほど、新たなルールを心から信じられるようになります。この先不安になったとき、もとのルールに戻ってしまいそうなときにもこの記録を見返し、現実に即したルールであることを思い出しましょう。
　部下の業績で悩むＣさんは、職場でのポジティブなできごとを記録しはじめました。業績至上主義という視点を捨てて部下を見てみると、いいところがたくさんあると気づきました。その結果、部下とのかかわりかたが変化し、関係も変化しつつあることが実感できました。
　「部下が皆ダメだ」というのは、Ｃさんがつくり上げた思い込みにすぎなかったのです。

Part **3** 心のルールから解放される

Cさんの場合 ポジティブなできごとシート

視点を変えると、ポジティブなことは毎日起きているもの。
そのことが、Cさんにとっていちばんの発見でした。

> **新ルール**
> つねに業績を上げるのにこしたことはないが、
> 努力しても上がらないことはある。
> 業績によって人の価値が決まるわけではない

4/6（月）	業績は十分とはいえないが、今後の改善点について皆でミーティングをし、多様な意見が上がった。
4/7（火）	改善点をさっそく実行したEくんから、よかった点、さらに改善できそうな点について、報告があった。
4/8（水）	他部署で同じ立場のF氏と久しぶりに飲み、「うちも苦戦してるけど、どうしようもないときだってあるよな」といわれた。皆、同じような状況で悩んでいると知り、少し気がラクになった。
4/9（木）	新人のHさんから、雑談がうまくできないと相談を受けた。いままでだったら、「そんなもの、人に教わってできるものじゃない」とひと言ですませていたが、どんな話ならできそうかを一緒に考えてあげられた。
4/10（金）	残業が終わった21時ごろ、「たまにはチームで飲みに行きませんか？」とGくんから提案があり、飲みに行った。若手社員が思っていることを、久々に聞くことができた。

感想 「完璧でなくてもいい」「業績だけが人の価値じゃない」と思えたことで、部下を責める気持ちがなくなり、そのぶんいつもよりいいコミュニケーションができたと思う。

ポジティブなできごとシート

書いてみよう!

新たなルールの裏づけとなるポジティブなできごとを、1日1個記録します。
1週間分がたまったら、「感想」の欄に新たな気づきを記入しましょう。

新 ルール

／　（　）
／　（　）
／　（　）
／　（　）
／　（　）
／　（　）
／　（　）

感 想

＊コピーして繰り返し使い、最低3か月間は続けるようにしましょう。

Part **3** 心のルールから解放される

Column

就寝前のヨガで頭をすっきりさせる

基本姿勢

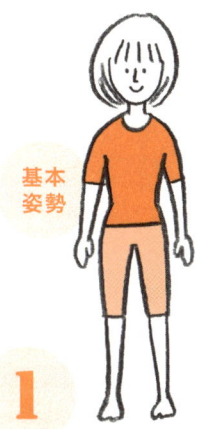

就寝前にヨガをおこなうと、思考から解放され、自分の呼吸や体だけに意識を向けることができます。体が硬い人でも大丈夫。大切なのは、呼吸や筋肉の伸び縮み、快感や不快感をありのままに感じることです。テレビや音楽は消して、ゆったりと呼吸しながらおこないましょう。

1 両脚を開いて立つ
両脚を腰と同じ幅に開いて立つ。ひざの力を抜き、自然と曲がるままにしておく。

2 両手を頭上で合わせる
体と平行になるよう、両腕をゆっくり上げていく。
頭上まで上げたら、両手のひらを合わせ、大空に手を伸ばすイメージで全身を伸ばす。ゆったりと呼吸しながらおこなうのがコツ。

3 右腕を上に伸ばす
❶の姿勢に戻り、右腕は天井に向けて、左腕は床に向けて伸ばす。大空に手を伸ばすイメージで左のかかとを浮かせ、さらに右腕を上に伸ばす。反対側も同様におこなう。

4 上体を右に曲げる
❶の姿勢に戻り、両腕をまっすぐ上げる。
左の腰骨を外側に突き出すイメージで上半身を右に曲げ、全身を三日月形にする。
反対側も同様に。

Lesson 6
人生で大切な7つのことを言葉にする

どう生きたいか、どんな人でありたいか

あなたにとって人生の価値は何か。どこに向かって進んでいきたいか。いよいよ、それを明確にするときがきました。

向かうべき道をはっきりさせることは、あなたの生きかたそのものを問うことです。今回ばかりは、1日では終わらないかもしれません。時間がかかってもいいので、心から望むことをていねいに考えてください。

次ページ以降にあるのは、人生において重要とされる7つの価値の領域です。 パートナーや家族、友人との関係、仕事や趣味、個人的成長など。それぞれの領域があなたにとってどのような意味をもつか、それぞれの領域においてどうありたいかを考え、自由に書き出してください。

これまでのワークとは異なり、見本となる記入例はありません。あなたが求めるものを考えるのに、他人が求めるものを参照する必要はないからです。

一般に成功者といわれる人の生きかたも、参考にはなりません。財産や社会的地位を基準に人生を評価することのむなしさを、いまのあなたはよく知っているはずです。

いつまでに何を達成するかという目標も不要です。

ここで問われているのは、「互いに支え合える家族をもちたい」「目の前の仕事にていねいに取り組む人間でありたい」といった、人としての根本的な姿勢です。

Part 3 心のルールから解放される

書いてみよう！

人生で大切な7つのこと

人生でとりわけ重要と考えられる7つの領域について、あなたにとっての意味合い、価値、希望を書き込んでください。記入後は、その領域の重要度、いまの実現度を点数化します。重要度から実現度をひいた「ギャップ」の点数は、「いまの生活にもっと必要なもの」「時間を割くべき領域」を意味します。

パートナーシップ（結婚、恋人）

どんな関係をもち、どんな時間を過ごしたいですか？

パートナーとのあいだで望む関係性、ともにやりたいこと、相手にどう向き合いたいかなどを考えます。パートナーがいない人も、どのような人と親密になり、どう過ごしたいかを書いてください。

重要度：□ 点　実現度：□ 点　ギャップ：□ 点

家族関係

両親や子どもたちとどうかかわっていきたいですか？

一緒に住んでいる家族か、離れて暮らす家族かは問いません。どのような家族関係を築きたいか、そのために自分にできることは何かを書いてください。

重要度：□ 点　実現度：□ 点　ギャップ：□ 点

133

友人関係

大切な友人にとってどんな存在でありたいですか?

友人に対してどのように向き合い、かかわっていきたいかを書いてください。
いまいる友人だけとは限りません。どのような人と友人になり、どう過ごしたいかも考えてみましょう。

___
___
___
___
___
___

重要度：□点　実現度：□点　ギャップ：□点

仕事

仕事でもっとも大切なことは何ですか?

どんな姿勢で仕事に取り組み、何を成し遂げたいですか？　仕事の大小や立場にかかわらず、何を大切にしたいかを書きましょう。

___
___
___
___
___
___

重要度：□点　実現度：□点　ギャップ：□点

Part ③ 心のルールから解放される

教養・成長

どのようなことを、どんな姿勢で学んでいきたいですか？

あらゆる種類の学びが対象です。何をどのように学びたいか、あなたにとっての個人的成長とは何かを考えてください。

重要度：　　点

実現度：　　点

ギャップ：　　点

趣味・娯楽

あなたにとって、余暇の価値とは何ですか？

余暇をどのように過ごしたいか、それはあなたの人生においてどのような意味をもつかを考えましょう。

重要度：　　点

実現度：　　点

ギャップ：　　点

健康

体を健康に保つためにできることは何ですか？

何のために、どのような健康状態でありたいかを考えます。そのためにどんな行動が必要かも書き出してみましょう。

重要度：　　点

実現度：　　点

ギャップ：　　点

Lesson 7
コントロール欲求を手放す

私が決めたルールを、勝手に破らないで

うつや不安で悩む人にも、そうでない人にも、人間関係の悩みはつきもの。思うようにならないと、相手に怒りを感じることもあるでしょう。怒りを感じること自体は問題ではありませんが、過度の怒り、持続的な怒りは人生の妨げとなります。

今回のワークでは、ふとした瞬間にわきあがる怒りへの対処法を身につけましょう。

怒りがわきあがるのは、いままでの価値観にとらわれているからにほかなりません。「なぜそんないいかたをするのか」「何度もいっているのに、なぜわかってくれないのか」。このように感じるのは、相手があなたのルールに沿って行動してくれないときではないでしょうか。

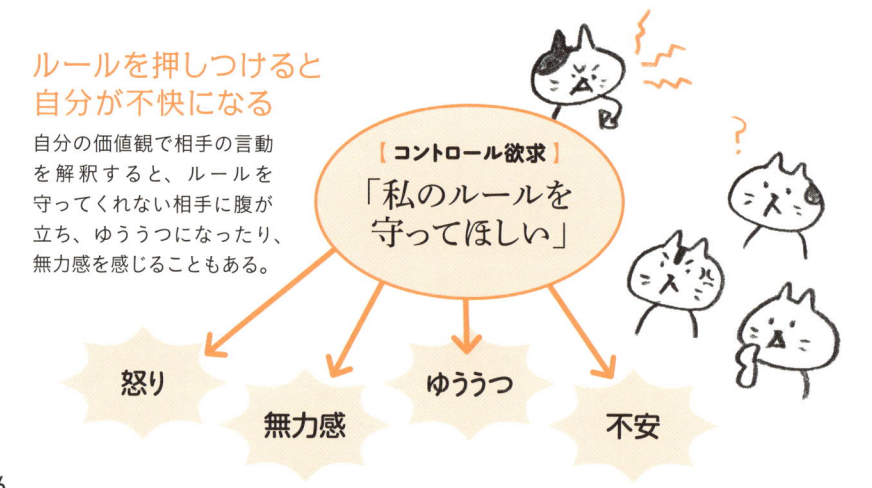

ルールを押しつけると自分が不快になる

自分の価値観で相手の言動を解釈すると、ルールを守ってくれない相手に腹が立ち、ゆううつになったり、無力感を感じることもある。

【コントロール欲求】
「私のルールを守ってほしい」

→ 怒り
→ 無力感
→ ゆううつ
→ 不安

Part ③ 心のルールから解放される

腹の立つ相手にも、言い分がある

相手には、あなたのルールを守る義務はありません。「このようなルールでやっていこうね」と事前に決めたわけでもないのに、ルールを破る相手に腹を立てるなんて、なんだか不条理ですね。あなたの怒りが相手に伝わらないのも当然です。

怒りやイライラをたびたび感じる人は、P121のワークシートで、怒りのもととなる価値観を突き止めましょう。

「人に迷惑をかけたときは、謝るべきだ」「人を傷つけることをいってはいけない」などのルールを、より柔軟なものに修正します。「迷惑をかけたときに謝るのは、私のルールではない。道徳や常識だ」と思う人もいるかもしれません。でも、仮に道徳や常識だとして、それを守らない人が存在してはいけないのでしょうか。相手には相手の考えがあり、そうする自由があることを忘れないでください。

また、怒りの裏側には、大切にされたかった、尊重してほしかったという思いがあります。

怒りをあらわにして関係を悪化させるより、「いまのいいかたは悲しかったから、もっとこういういいかたをしてほしい」と伝えるほうが、ずっと効率的です。

心がラクになる言葉 ❺

「 いい人でもいいし、イヤな人でもいい 」

自分の意見はいわず、ニコニコして人に合わせている人は、心のなかに怒りをためていることが多いものです。
でも、「いい人でなくては」というのは、心のなかでつくり上げたルールにすぎません。誰にでも、いい面とイヤな面があるものです。「いい人でいたいけど、ときにはイヤな人でもいい」というのが、いちばん現実的な考えでしょう。

人にはいろんな顔がある

137

怒りを箱に閉じ込める

　どうしても抑えられない怒りが生じたときは、怒りと距離を置くことも大切です。「葉っぱのトレーニング」（→P52）、「シアター鑑賞トレーニング」（→P53）などの方法を試してみてください。

　「収納イメージ法」も効果的です。頭のなかで、怒りを入れ物に閉じ込め、遠くに追いやる方法です。段ボールに入れてもいいし、宇宙船のような巨大カプセルでもいいでしょう。箱を向こう側に押してもいいし、崖から落とすこともできます。

　このようにイメージすることで怒りの感情を客体化し、意識に占める割合を小さくしていくことができます。

オリジナルの入れ物を考える

　怒りをどんな容器に入れて、どうやって遠くに追いやるか。そのバリエーションを自分で考えてみましょう。

　部下への怒りが久しぶりにわき上がってきたCさんは、怒りをテニスボールに閉じ込め、スマッシュして遠くに飛ばすところを考えました。なんだか、とても胸がすっとします。

　とっさに怒りを感じたときは、「さーて、今度は何に閉じ込めよう」と、思案してみてください。ユニークな方法を考えるうちに怒りを忘れ、楽しくなってしまうかもしれません。

Part ③ 心のルールから解放される

怒りを小さくするイメージシート

Cさんの場合

テニスが趣味のCさんは、
怒りをテニスボールに閉じ込めることを思いつきました。

怒りの内容
「教えてもらっていないことはできません」と平然といい出す、新入社員への怒り

入れ物
テニスボールのなかに
小さく閉じ込める

遠ざける方法
ボールを高く上げ、思いきりスマッシュして、見えないところまで飛ばす

イメージ

怒りを小さくするイメージシート

書いてみよう！

怒りの内容を記入したら、それを何に閉じ込めて追いやるかを
考えてみましょう。絵にすると、よりイメージしやすくなります。

怒りの内容

入れ物

イメージ

遠ざける方法

Lesson 8
1日1日をマインドフルに生きる

目の前の人の話を、大切に聞く

　最後のワークにたどりついたあなたは、もう心のつらさとのつきあいかたを身につけていると思います。

　あとはマインドフルネスに、1日1日をていねいに生きるだけです。 マインドフルネスは、「いま、ここ」に目を向けて、目の前のものごとを、心を開いて感じることです。

　むずかしく考える必要はありません。人と話すときであれば、自分の考えは脇に置き、相手の言葉に熱心に耳を傾ける。「どんな反応をしよう」「次の話題はどうしよう」などと考えず、ただ聞く。食事するときは、香りや食感、味わいを、ひと口ごとに感じ取る。それだけで、毎日の生活が豊かなものに変化します。心に浮かぶ考えと距離を置くこともできるようになります。

自分の考えは、話しても話さなくてもいい

会話は、相手を説得したり、自説の正しさを示すためのものではない。自分の考えはいったん箱にしまっておき、相手が伝えようとしていることをただ受け止めるだけでいい。

苦痛を恐れず、心を開いて生きる

　傷つきたくない、イヤな思いをしたくない。そう思って心をガードしていると、心にイヤな考えが浮かび、苦しくなってきます。逆説的ではありますが、**心を開いて過ごしていれば、大きな傷を受けることはありません。**武道における守りと同じ。力を抜いて、場の空気を全身で感じることが最大の防御法といわれます。筋肉を硬直させてかまえていると、動きが鈍くなるうえ、攻撃されたときのダメージが大きくなるのです。

　苦痛を感じたときは、苦痛を感じていることを認め、静かに受け入れてください。「なぜ」「どうして」「誰のせい」と考えるほど、心は苦しくなってしまいます。

　また、心をガードしていると、喜びや楽しさすら感じ取れなくなります。あなたが望む人生、「こうありたい」という人間関係のイメージから、どんどん遠のいてしまうでしょう。

　すべての感情をそのまま受け止め、ほどよくつきあいながら生きていく。それがこの先のあなたの課題です。

> やってみよう!

マインドフルな関係チェックシート

マインドフルネスな人間関係は、ささいなことからはじまります。今日一日、心を開いて人にあいさつしたり、会話したりできたでしょうか。一日の終わりに、ときどきチェックしてみましょう。

☑ 起床時や出社時に「おはよう」とあいさつしましたか?

朝のあいさつは、家族や同僚との最初のかかわり。「おはよう」といって同じ空間に入るのと、だまって家事や仕事をはじめるのと、どちらが心地よく過ごせるでしょうか。面倒くさい、はずかしいなどと思わずに、自分から心を開いてあいさつしましょう。

☑ 電車のなかで、周囲にイラつかず過ごせましたか?

通勤・通学電車は、不快な要素でいっぱい。でも、あなたが感じる不快さは、まわりの人のせいではありません。靴を踏まれたとしても、相手は踏みたくて踏んでいるわけではないはずです。あまりイライラせず、心おだやかに過ごせるように心がけましょう。

☑ お店の人に「ありがとうございます」といいましたか?

コンビニであれレストランであれ、あなたの前にいるのは「従業員ロボット」ではありません。お金を払っている人がえらいわけでもありません。
品物を受け取るとき、おいしい食事が出てきたときに、気持ちよくあいさつするだけで、あなた自身の気分もよくなります。

☑ 話したい相手に、自分から声をかけましたか?

人が話しかけてくれるのを待っていると、つまらない考えばかり浮かぶものです。話したいと思うそのときに、自分から相手に近づきましょう。
「わざわざ話しかけに行くほどのことじゃない」などと思わないでください。「何かを話す」ことは、「何を話すか」以上に大切です。

参考文献

- 『ACT（アクセプタンス&コミットメント・セラピー）を実践する』
  パトリシア・A・バッハ、ダニエル・J・モラン著、武藤 崇・吉岡昌子・石川健介・熊野宏昭監訳(星和書店)
- 『ACT（アクセプタンス&コミットメント・セラピー）をはじめる』
  スティーブン・C・ヘイズ、スペンサー・スミス著、武藤 崇・原井宏明・吉岡昌子・岡嶋美代訳(星和書店)
- 『味わう生き方』ティク・ナット・ハン、リリアン・チェン著、大賀英史訳(木楽舎)
- 『うつと不安の認知療法練習帳』
  デニス・グリーンバーガー、クリスティーン・A・パデスキー著、大野 裕監訳、岩坂 彰訳(創元社)
- 『うつのためのマインドフルネス実践 ――慢性的な不幸感からの解放―』
  マーク・ウィリアムズ、ジョン・ティーズデール、ジンデル・シーガル、ジョン・カバットジン著、
  越川房子・黒澤麻美訳(星和書店)
- 『うつを克服するための行動活性化練習帳 認知行動療法の新しい技法』
  マイケル・E・アディス、クリストファー・R・マーテル著、大野 裕・岡本泰昌監訳(創元社)
- 『「気持ちの整理」練習帖』大野 裕著(三笠書房)
- 「コンピューター・アシスティド・カウンセリングが有効であった社会不安を主症状とする2症例」
  福井 至著(札幌大学女子短期大学部紀要[24]、札幌大学)
- 「コンピューターによる認知行動療法の現在」
  福井 至・川副暢子・小松智賀・貝谷久宣著(精神療法[38]、金剛出版)
- 『収納イメージ法 心におさめる心理療法』徳田完二著(創元社)
- 『新世代の認知行動療法』熊野宏昭著(日本評論社)
- 『図解 やさしくわかる認知行動療法』貝谷久宣・福井 至監修(ナツメ社)
- 「性格偏向の信念カード」福井 至著(こころネット株式会社)
- 「認知行動療法・実践カード〈管理職編〉」福井 至著(こころネット株式会社)
- 「認知行動療法・実践カード〈教師編〉」福井 至著(こころネット株式会社)
- 「否定的な自動思考カード」福井 至著(こころネット株式会社)
- 『人見知りが治るノート』反田克彦著(すばる舎リンケージ)
- 『不安障害の認知行動療法』
  坂野雄二・貝谷久宣・福井 至　不安・抑うつ臨床研究会編(日本評論社)
- 『不安に悩まないためのワークブック 認知行動療法による解決法』
  デビッド・A・クラーク、アーロン・T・ベック著、坂野雄二監訳(金剛出版)
- 「不合理な信念カード」福井 至著(こころネット株式会社)
- 「不合理な信念の検討のためのワークブック」福井 至著(こころネット株式会社)
- 『マイナス思考と上手につきあう 認知療法トレーニング・ブック
  心の柔軟体操でつらい気持ちと折り合う力をつける』竹田伸也著(遠見書房)
- 『マインドフルネス・瞑想・坐禅の脳科学と精神療法』貝谷久宣・熊野宏昭編(新興医学出版社)
- 「論理情動療法に基づくCACの不合理な信念の変容と不安低減に及ぼす効果」
  福井 至・西山 薫著(行動療法研究[21]、一般社団法人日本認知・行動療法学会)
- 「論理情動療法に基づく不合理な信念の変容のためのプログラムド・テキストの効果」
  福井 至著(日本教育心理学会総会発表論文集[38]、日本教育心理学会)

監修者プロフィール

福井 至（ふくい・いたる）

東京家政大学人文科学心理カウンセリング学科、大学院教授。臨床心理士、博士（人間科学）

1982年、早稲田大学第一文学部卒業。早稲田大学大学院文学研究科博士後期課程 心理学専攻単位取得後、退学。札幌大学女子短期大学部助教授、北海道浅井学園大学人間福祉学部助教授、東京家政大学文学部助教授を経て、2008年より現職。
『図説　認知行動療法ステップアップ・ガイド　治療と予防への応用』（金剛出版）、『図解　やさしくわかる認知行動療法』（ナツメ社）、『健康ライブラリー　ぐっすり眠れるドクターレッスンノート』（講談社）など、著書・監修書多数。

貝谷久宣（かいや・ひさのぶ）

医療法人和楽会理事長、パニック障害研究センター所長、京都府立医科大学客員教授。医学博士

1968年、名古屋市立大学医学部卒業後、ミュンヘンのマックス・プランク精神医学研究所に留学。岐阜大学医学部助教授、自衛隊中央病院神経科部長を経て、93年、なごやメンタルクリニック開院。97年、赤坂クリニック理事長となる。パニック症や社交不安障害治療の第一人者として、幅広く活躍中。
『気まぐれ「うつ」病—誤解される非定型うつ病』（筑摩書房）、『図解　やさしくわかる認知行動療法』『図解　やさしくわかる非定型うつ病』（ナツメ社）、『健康ライブラリーイラスト版　適応障害のことがよくわかる本』（講談社）など、著書・監修書多数。

本書に関するお問い合わせは、書名・発行日・該当ページを明記の上、下記のいずれかの方法にてお送りください。電話でのお問い合わせはお受けしておりません。
・ナツメ社webサイトの問い合わせフォーム
https://www.natsume.co.jp/contact
・FAX（03-3291-1305）
・郵送（下記、ナツメ出版企画株式会社宛て）
なお、回答までに日にちをいただく場合があります。正誤のお問い合わせ以外の書籍内容に関する解説・個別の相談は行っておりません。あらかじめご了承ください。

心がスッと軽くなる　認知行動療法ノート
—自分でできる27のプチレッスン—

2015年 4 月28日　初版発行
2024年 6 月20日　第22刷発行

監修者　福井　至　　Fukui Itaru,2015
　　　　貝谷久宣　　Kaiya Hisanobu,2015

発行者　田村正隆

発行所　株式会社ナツメ社
東京都千代田区神田神保町1-52　ナツメ社ビル1F（〒101-0051）
電話 03-3291-1257（代表）　FAX 03-3291-5761
振替 00130-1-58661

制　作　ナツメ出版企画株式会社
東京都千代田区神田神保町1-52　ナツメ社ビル3F（〒101-0051）
電話 03-3295-3921（代表）

印刷所　ラン印刷社

ISBN978-4-8163-5794-7　　Printed in Japan

〈定価はカバーに表示してあります〉
〈乱丁・落丁本はお取り替えします〉
本書の一部または全部を著作権法で定められている範囲を超え、ナツメ出版企画株式会社に無断で複写、複製、転載、データファイル化することを禁じます。

ナツメ社Webサイト
https://www.natsume.co.jp
書籍の最新情報（正誤情報を含む）はナツメ社Webサイトをご覧ください。